思いをかなえる「遺言」の書き方と文例集

[監修]
弁護士
國部　徹

第3版

自由国民社

はしがき

遺言を書く目的には、①遺族らに対し遺産の分配を決めて指示することと、②遺産以外のことで自分の思いや願いを読み手に伝えることがあります。①については法律事項となるため、決まっているルールをわきまえて書かないと、遺族間にたいへんなトラブルの種を残してしまいます。

しかし、はたして何割の日本人が、遺言を書くとき必要となる知識をもっているでしょうか。文書としての形式面のみならす、相続法が定める相続人の権利についても知っていないと、まったく問題のない遺言書はなかなか書けるものではありません。

それでも、できるだけ自分の財産は自分の思い通りに譲り渡したいのが当然でしょう。そのために、どのように遺言書の文面を作成し、あるいはどのように生前の手当を講じておけばよいのかを、ケースごとの文例を示して解説したのがこの本です。

「思い通りに」というと、どのような場合が考えられるでしょう。たとえば、めぼしい遺産といえば現に住んでいる自宅しかないが、相続人たちに不満の出ないようにこれを受け取らせたい。あるいは、あとに残される妻の面倒を特定の子にきちんとみさせたい。介護の世話になった子に厚く相続させたいが、ほかの子と争いになるのは避けたい。

ほかにも、営んできた家業を跡継ぎの子に支障なく継がせたい、恩を受けた人に財産を譲ってお返しをしたい、あるいは親不孝だった子には少ない割合しか継がせたくない——。

遺言を書く人には、このようにさまざまな〈思い〉があります。それは、まさにその人が歩んできた人生から立ちあがってくるものです。遺言書は、その〈思い〉を汲み上げて文字とし、残された人々に受け渡す遺言者の最後のメッセージです。

そのようなそれぞれの〈思い〉を、より的確に、誤りなく伝えるための助けとなるのが本書です。今回の改訂では、平成30年に成立した相続法改正を反映した記述に改めました。文例を豊富に載せ、書き方のポイントや注意事項を添えた本書は、必ず読者の皆さまのお役に立つことと思います。

令和２年6月

監修者　弁護士　國部 徹

もくじ

巻頭

遺言を書く前に知っておきたいこと

第1部

思い通りに遺産を相続させる遺言のすすめ

〔3〕遺言を書くときに注意すること

……あとでトラブルにならないために

第2部

自分の“思い”をかなえるための遺言の書き方

残される家族が遺産分けで争わないようにする遺言の書き方

★特定の子どもの受取り分を多くしたい／全員公平にしたい

事業を跡継ぎの子に無事に継がせるための遺言の書き方

★株式会社の事業承継／合同会社の事業承継／農業の承継／「看板」の承継…など

相続人以外の人にも遺産を与えたいときの遺言の書き方

★恩人に贈る／再婚相手の連れ子にも贈る／甥・姪にも贈る／ペットの世話人に贈る…など

一人で亡くなる場合にあとの手続きをきちんとしたいときの遺言書の書き方

★身寄りのない人のとるべき遺産処理の対策

財産以外のことについての思いを記す遺言の書き方

子の認知／残される者のための後見の手配／葬儀のやり方について…など

相続税対策としての
遺言書の書き方

カバーデザイン　小島文代

巻頭

◎遺言の準備から作成・保管・トラブルまで◎

遺言を書く前に知っておきたいこと

1 遺言をするということ ▶誰もが遺言をする時代が来る

〔◆自筆証書遺言の既作成者・見込者〕

○自筆証書作成済み
→211万7105人

○今後、自筆証書遺言を作成する見込者
→992万7157人

○自筆証書既作成者・作成見込者の推定数（上記の合計）
→1204万4262人

※上記は55歳以上の人のアンケート調査から推定した人数です。（平成29年度法務省調査）

◎遺言をする人は増えている

遺言書の作成は、今日、増加の一途をたどっています。平成21年中の公正証書遺言の作成件数は７万7878件でしたが、平成30年には11万471件となり、約42％の伸びを示しています。また、家庭裁判所の自筆証書遺言の検認件数も、平成21年に１万962件でしたが、平成30年には１万7187件とこれも約57%の増加です。

◎遺言で思いどおりに遺産を渡す

遺言件数の増加の背景には、①自分の財産は自分の思いどおりに相続させたい、②事情があって法定相続とは異なる相続にしたい、などの理由があるようです。夫の遺言で多いのが、「妻に全遺産を相続させる。」という遺言です。夫にとって、妻の老後の生活（費用）は最も心配事のようです。この遺言は遺留分を侵害しますが、子（相続人）からすれば、やがて母の遺産は自分たちが相続することになるのだからあまり不満は持たないようです。ただし、婚外子などがいれば話は別です。このように遺言による相続は、遺言する人の意思で、さまざまな事情に応じた相続を演出できるのです。

❷ 遺書と遺言の違い ▶法的効果の有無で異なる

〔遺書と遺言の違い〕

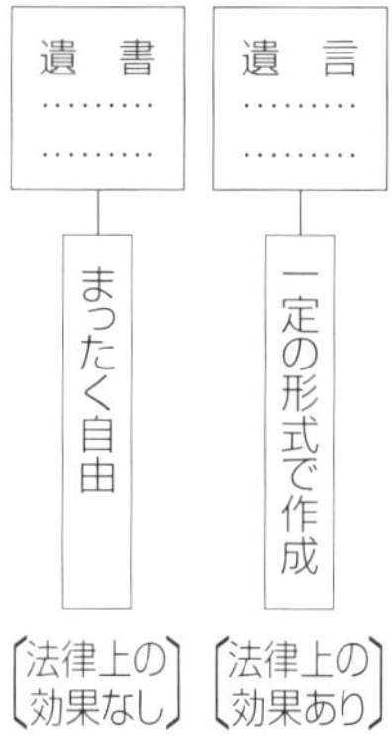

◎遺言には法的効果がある

遺言と似た言葉に遺書というのがあります。この2つの違いは、遺言が書かれている内容について一定の法的効果を生じるのに対して、遺書は法的効果を伴わない単なる手紙や文書だということです。

◎遺言は法律で遺言事項が定められている

遺言は、私有財産制度における財産処分の自由およびその延長とされ、法律が認める遺言事項（遺贈含む）以外の記載はは無効としています。ただし、遺言書に遺言事項以外のことを書いた（例:「兄弟仲良くするように」）としても遺言が無効となることはありません。

◆遺言事項　①認知（民法781条２項）、②未成年後見人の指定（839条）、③後見監督人の指定（848条）、④遺贈（964条）、⑤遺留分侵害額の負担割合の指定（1047条２号ただし書）、⑥寄付行為（41条２項）、⑧相続人の廃除・廃除の取消し（893条・894条）、⑨相続分の指定および指定の委託、⑩特別受益者の持戻免除、⑪遺産分割方法の指定または指定の委託と遺産分割の禁止（908条）、⑫共同相続人間の担保責任の指定（914条）、⑬遺贈義務者の引渡義務（998条ただし書）、⑭遺言執行者の指定・指定の委託（1006条）、⑮信託の設定（信託法３条の２）など。

❸ 遺言することのメリット ▶遺言は法定相続に優先する

〔遺言相続と法定相続〕

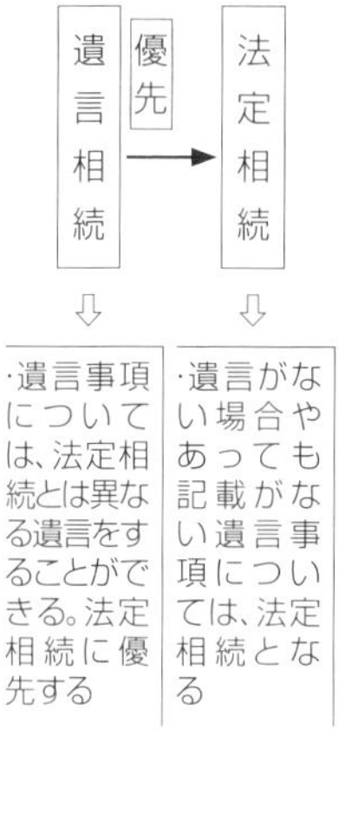

◎遺言は、思い通りに遺産を残すために活用できる

遺言をする意義は、民法が規定する法定相続とは異なる遺産の処分等ができるということです。そのためには、法定相続ではどのように遺産が処分されるかを知っておかなければなりません。

遺言事項（前項参照）は法律で決まっています。どのような遺言にしたら、どういう法的効果が発生するかを検討してください。遺産の処分に関することや関連することでしたら、記載内容や文章を工夫することにより、思いをかなえる遺言書ができるはずです。まず、財産について自分かこうしたいと思うこと書き出してください。そして、本書の文例を参考にして遺言書を作成するとよいでしょう。

【例】１）「○○○子を認知する。」→遺言認知（相続人になる）
　２）「甥の○○○夫に預貯金から1000万円を贈与する」→遺贈（遺贈する理由を付言事項として記載するのもよい）
　３）「二男の○○○雄を相続人から廃除する。」→推定相続人の廃除（死後、遺言執行者が家庭裁判所に審判を申立てる）

4 遺言の方式を決める ▶自筆証書遺言・公正証書遺言が多い

〔遺言の種類と選択〕

- ○危急の場合の遺言 ⇩ 選択の余地なし
- ▼秘密証書遺言 ⇩ あまり利用されていない
- ▼公正証書遺言 ⇩ トラブルとなる可能性が高いとき
- ▼自筆証書遺言 ⇩ 遺言書を手元に置いておきたいとき

（秘密証書遺言・公正証書遺言・自筆証書遺言）選択

◎遺言には大別すると４つの方式がある

遺言には、普通方式の遺言として、①自筆証書遺言、②公正証書遺言、③秘密証書遺言があり、この他に④特別方式の遺言（死亡の危急の迫った者の遺言など）があります。遺言は要式行為であり、それぞれの遺言について厳格な要件が定められています。

◆**自筆証書遺言**…遺言者が、その全文・日付・氏名を自書（手書き）し、これに印を押さなければならない。

◆**公正証書遺言**…公証人が、遺言者が遺言の趣旨を口授し、遺言書を作成する方式で、証人２人以上の立会いが必要。

◎各遺言のメリットとデメリット

自筆証書遺言は遺言者本人が書くので、作成費用はかからず、秘密も守れるというメリットがある反面、内容に不備があったり、保管が難しいというデメリットがあります。公正証書遺言は公証人が作成するので、記載内容に問題はなく、保管も確実ですが費用がかかります。

5 遺書を作る準備をする ▶用紙・筆記用具・印鑑が必要

〔資料等の整理〕

①財産関係
財産に関しては関係資料を整理して目録を作っておくとよい。

②相続人等
相続人や遺贈する相手の氏名･住所･電話番号などを一覧表におくとよい。

③資料の取り寄せ
戸籍や不動産の登記簿謄本(全部事項証明書)などを必要に応じて取り寄せる。預貯金、生命保険金、配偶者の遺族年金などの確認をする。

◎自筆証書遺言の作成で用意するもの

自筆証書遺言の作成では、以下のものが必要です。

◆**用紙**…法律上､用紙についての法律上の規定はない。和紙､便箋､コピー用紙、ルーズノート用紙、メモ用紙でも可。大きさも自由。ただし、遺言者が死亡した時に見るものなので、破れたりしない質のいい紙を用意するのが望ましい。

◆**筆記用具**…筆記用具についても、法律上の規定はない。筆、万年筆、ボールペン、鉛筆など、どれを用いても構わない。色についても特に制限はないが、黒色が読みやすく色褪せもしないので、黒色のものを使用するのが無難。カーボン複写の方法も有効です。

◆**パソコン**…パソコンによる遺言書の作成は認められないが、財産目録に関してはパソコンによる作成（通帳はコピーを添付）が認められるようになった。 改正→210ページ参照

◆**印鑑**…印鑑は実印だけでなく、認印・三文判、拇印でもよい。シャチハタネーム（スタンプ式）についても認めないとする判例はないが､年月が経ると印影が薄くなることから､控えた方がよい。

以上の他に、不動産などの遺産がある場合は、登記事項証明書（登記簿謄本）を取り寄せれば、財産目録に所在場所等が正確に記述できます。同様に遺言に関係する人の氏名等の記載間違いがないように、名刺の整理をすることも大切です。

6 思いをかなえる遺言書を作る ▶どうしたいか文章で書く

〔◆遺言の内容を文章にした例〕

（文例1）
◆相続分指定の場合
「妻○○花子、長男○○太郎、二男○○次郎に、各自3分の1ずつを相続させる。」
◆遺贈する場合
「○○花子（東京都□□区□丁目□番□号在住）に○○銀行○○支店の普通預金（口座番号○○－○○）から金500万円を遺贈する。」
◆認知する場合
「○○花子が産んだ○○太郎を認知する。」
（注）文章は法律で決まっているわけではない。

◎遺言する内容を確定する

遺言をしたいと思う動機はさまざまです。妻に法定相続分よりも多くの財産を相続させるため、世話になった人に遺贈するため、慈善団体等に寄付をするためなどです。中には、認知していない子を遺言で認知したい、内縁の妻に遺贈したいと思っている人もいるかもしれません。こうした動機を死後、実現させるためには、どういう遺言の内容にするのかを確定し、遺言書に記載する必要があります。例えば、兄弟の仲が悪く将来相続トラブルが心配であれば、遺言執行者を指定することもできます。

◎明快な文章にする

文章については、特に規定はありません。ただ、遺言は法律上の効果を伴う意思表示ですので、本書の掲載の文例などを参考にして、わかりやすく明快な文章としましょう。なお、遺言に書かれていない事項については、法定相続のルールに従って相続が行われます。

7 自筆証書遺言書を保管する ▶遺言保管制度がスタートする

〔◆自筆証書遺言の保管場所〕

①自宅の金庫・仏壇

②銀行の貸金庫

※銀行等は遺言信託（公正証書遺言）の業務も行っている。

③弁護士など遺言執行を頼んだ人に預ける

④信頼できる友人・知人に預ける

◎自筆証書遺言書の保管は難しい

自筆証書遺言書のデメリットの一つに保管の難しさがあります。遺言書を見つけた人が自分に都合の悪い内容だと破棄してしまうおそれあり、偽造や変造をされる危険もあります。死後、発見されない場合だってあります。そこで遺言者は、親しい知人に預ける、銀行の貸金庫、自宅の金庫や仏壇に保管するなど、さまざまな工夫をしているようですが、決定打というわけにはいきません。そんなことなら一層、遺言をしたことは家族等に伝え、遺言の内容は伝えずに、保管場所は相続人に知らせておいてはどうでしょうか。

◎保管制度が令和２年７月10日からスタート

自筆証書遺言書の保管について、法務局が保管する制度が新設されました。保管に不安な人はこの制度を活用するとよいでしょう。有料ですが、家庭裁判所の検認は不要です。

自筆証書遺言書の保管制度→212ページ参照

8 自筆証書遺言書は検認がある ▶遺言者の死亡後、どうなる？

◆遺言者の死亡後の手続き

遺言者（死亡）
遺言書
⇩
保管者·発見者
‖検認の申立て
⇩
家庭裁判所
遺言者の遺言であることの認定
⇩
遺言の実行

◎家庭裁判所の検認の手続き

遺言の検認について、民法は「自筆証書遺言書の保管者または発見者（相続人）は、遅滞なくその遺言書を家庭裁判所に提出して検認の請求をしなければならない」と定めています。この検認は、遺言書の存在を明らかにし、その遺言書の偽造・変造を防ぐためのもので、遺言内容の真否や有効・無効の判定をするものではありません。ただし、検認の手続きを怠ると５万円以下の過料です。

◎遺言の執行

遺言の効力発生と共に、遺言の内容が実現されるもの（遺言の内容が相続分の指定など）には執行はありません。

しかし、遺贈については履行が必要であり、履行する人は相続人でもよいのですが、利益相反行為にあたるのが普通で、別に履行手続きをする者を定めることが多いようです。子の認知や相続人の廃除については、公正の観点から遺言執行者がすることが法定されています。

9 遺言のトラブルに注意！ ▶問題のない遺言書を作っておく

◆相続争いを防ぐ遺言対策

①遺言で、遺言執行者を指定しておく

☆

②遺言書に、付言事項（「家族仲良くすること」などで法的効果はない）を書いておく

☆

③家業を行っている場合や、財産が自宅だけという場合には、遺言をする前に、相続人全員と話し合って遺言の内容を決めるようにすとよい。

◎自筆証書遺言のトラフブル

遺言書の作成、執行では多くのトラブルが起きます。

【遺言の有効・無効に関するもの】
①未成年者のした遺言→満15歳になれば遺言はできる。
②夫婦が共同でした遺言→遺言は単独行為。遺言は無効。
③遺言書が複数出てきた→後の遺言が有効。

【自筆証書遺言の要式に関するもの】
①パソコンで書かれた遺言→全文自書。遺言は無効。
②日付のない遺言→無効。「第○回の誕生日」は可。
③氏名ではなく雅号や通称による記名→有効。
④シャチハタ（スタンプ印）での押印→有効とされている。

【遺言の内容に関するトラブル】（一部例）
①相続人の一人に多額の財産を相続させる内容の遺言
→遺留分を侵害された相続人は侵害額の請求ができる。
②遺言でもらうことになっている遺産がない
→その遺産の贈与は撤回されたものと見なされる。

自分が書く遺言書（自筆証書遺言）の書き方と注意点

遺　言　書

私　甲野太郎は、私の没後、深く愛する家族が幸せに栄えることを願いつつ、次のとおり遺言を記す。

1　一郎と次郎の兄弟は仲良くし、母への孝養をおろそかにせず、何事も母を立てながらよく話し合って進めていくこと。

2　妻花子には、次のものを相続させる。

①　東京都新宿区〇〇１丁目３番の土地、同所２番５の土地
〇〇平方メートル

②　同所同番地、家屋番号１番の建物

③　〇〇銀行定期預金、預入れ元金〇〇万円及び利息
〇〇支店（口座番号××××××）

④　上①の土地及び②の建物内にある動産類の一切

3　長男一郎には、次のものを相続させる。

①　〇〇銀行定期預金、預入れ元金□□万円及び利息
□□支店（口座番号××××××）

②　△△銀行△△支店普通預金口座（口座番号××××××）の預金

②　××株式会社株式、〇〇〇株

4　次男次郎には、次のものを相続させる。

①　△△銀行定期預金、預入れ元金〇〇万円及び利息
△△支店（口座番号××××××）

5　甲野家の祭祀は長男一郎が主宰するものとする。長男一郎の相続分を次男一郎の相続分より多く定めたのは、これにより祖先の祭祀の費用をまかなうものとしたためである。

6　遺言執行者として、弁護士　乙原春夫氏（東京都港区〇〇３丁目２番１号乙原法律事務所）を選任する。

以上、全文を自書し、下に署名押印する。

令和〇〇年４月８日

東京都新宿区〇〇１丁目３番２号

遺言者　甲　野　太　郎　（甲野）

◎止めの文

形式をととのえるために書かれることも多いですが、省略できます。

◎日付け

日付けは絶対に必要な項目です。「〇月吉日」「春の良き日に」などと特定できない書き方はだめで、「日」まで明瞭に書きます。

署名に付して住所と「遺言者」の表記を確認的に入れる例もあります。必ず必要なものではありません。

[ヨコ書きの例]　▶自筆証書遺言は目録を除き自筆で書かなければなりません。

◎**表題**
　表題は、必ず必要なものではありませんが、あった方がわかりやすくてよいでしょう。

◎**前書きと教訓条項**
　法律的には意味のない前書きと教訓条項の例です。形式をととのえるために書くことも多いのですが、省略してもかまいません。

◎**不動産の表示**
　不動産は、法務局の登記簿や権利証などに記載されたとおりの地番や家屋番号で書く方が明確に特定されます（住所表示とは異なるものです）。相続後の登記の移転申請も、この地番・家屋番号ですることになります。

◎**預金口座の表示**
　銀行預金や証券取引きなどは、金融機関名・支店名・口座番号まで書いておくと、相続人の処理が楽です。

◎**動産類の表示**
　値段の安い動産類は逐一書かなくても、このようにまとめて書くことで記載を省略できます。

◎**祭祀承継者の指定**
　祖先への祀り事や墓所の管理などを誰が行なうかを定め、そのための費用は、多めに継がせた長男の相続分から出すべきことも記してあります。

◎**遺言執行者の指定**
　遺言の内容が確実に実行されるために必要と思えば、遺言執行者を指定しておくことができます。

◎**署名と押印**
　絶対に欠かすことのできない署名と押印です。署名はもちろん自筆でします。姓が明らかだからと名だけ書いてはいけません。押印は実印（印鑑証明のとれる登録印）でなくてもよく、認印で足ります。

▶用紙は便せんなどが普通ですが、法律的にはわら半紙でもノートを破ったような紙でもＯＫです。

▶筆記用具にも制限なし。万年筆、ボールペン、筆による墨書など。鉛筆書きもダメということはありませんが、改ざんが前記のものよりしやすくはなります。

▶財産目録を別に添付する場合、一定の条件を満たせば、自筆でなくてもいいことになりました。（P52参照）

▶遺言を書いた紙を裸で置いておく人は少ないでしょう。たいていは封筒などに入れ、封をして保管します。このとき、閉じ口に押印したり、「〆」「緘」と書いて封印まですると、遺族がそれを見つけても家庭裁判所に持ち込むまでは開封できなくなります（違反すると５万円以下の過料）。

【遺言書を作成する前の準備】　自分が死亡した場合の相続人は誰で相続分はどうなっているか（31ページ参照）、現在の自分の財産はどうなっているか（66ページ参照）を確認し、文書にしておくとよいでしょう。

自分が書く遺言書（自筆証書遺言）の書き方と注意点

▶前のページの例と内容は同じ（遺言執行者の指定は略）で、書くとき注意するポイントも変わりませんが、こちらはタテ書きで書いてあります。タテ書きでもヨコ書きでもどちらでもOKです。

▶以前はタテ書きする人が多かったようですが、このごろではヨコ書きする人が増えており、本書の中の文例もヨコ書きで示してあります。不動産登記や戸籍の表示が電子化されてヨコ書きになり、銀行の口座番号もヨコ書きの方が書きやすいということはありますが、もちろん書く人の好みでどちらを選んでもまったくかまいません。

以上、全文を自書し、左に署名押印する。

令和○○年四月八日

東京都新宿区○○一丁目三番二号

遺言者　甲野太郎　（甲野）

◎止めの文
　形式をととのえるために書かれることも多いですが、省略できます。

◎日付け
　日付けは絶対に必要な項目です。「○月吉日」「春の良き日に」などと特定できない書き方はだめで、「日」まで明瞭に書きます。

　署名に付して住所と「遺言者」の表記を確認的に入れる例もあります。必ず必要なものではありません。

◎署名と押印
　絶対に欠かすことのできない署名と押印です。署名はもちろん自筆でします。姓が明らかだからと名だけ書いてはいけません。押印は実印（印鑑証明のとれる登録印）でなくてもよく、認印で足ります。

遺言書が複数枚にわたるとき

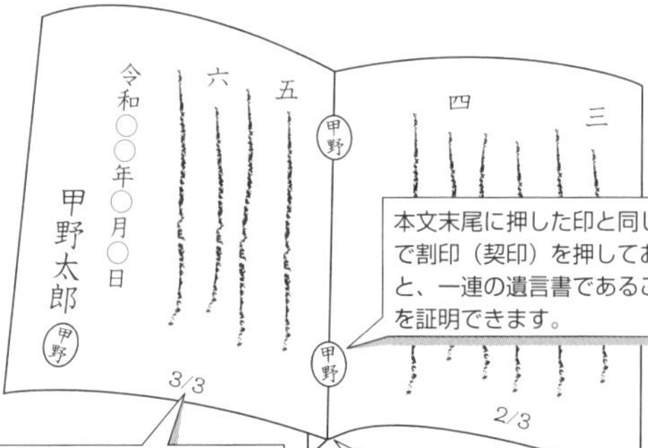

本文末尾に押した印と同じ印で割印（契印）を押しておくと、一連の遺言書であることを証明できます。

ページ番号を打っておくと、万一バラバラになってもすぐにつながりがわかります。これも自筆で書いてください。

ホチキスで止めたり、袋とじにしておくとよいでしょう。

［タテ書きの例］　▶自筆証書遺言は目録を除き自筆で書かなければなりません。

遺言書

私　甲野太郎は、私の没後、深く愛する家族が幸せに栄えることを願いつつ、次のとおり遺言を記す。

一、一郎と次郎の兄弟は仲良くし、母への孝養をおろそかにせず、何事も母を立てながらよく話し合って進めていくこと。

二、妻花子には、次のものを相続させる。

①　東京都新宿区○○一丁目三番の土地、同所二番五の土地
　○○平方メートル

②　同所同番地、家屋番号一番の建物

③　○○銀行定期預金、預入れ元金○○万円及び利息
　○○支店（口座番号×××××）

④　右①の土地及び②の建物内にある動産類の一切

三、長男一郎には、次のものを相続させる。

①　○○銀行定期預金、預入れ元金□□万円及び利息
　□□支店（口座番号×××××）

②　△△銀行△△支店普通預金口座（口座番号××××××）の預金

②　××株式会社株式、○○○株

四、次男次郎には、次のものを相続させる。

①　△△銀行定期預金、預入れ元金○○万円及び利息
　△△支店（口座番号××××××）

五、甲野家の祭祀は長男一郎が主宰するものとする。長男一郎の相続分を次男一郎の相続分より多く定めたのは、これにより祖先の祭祀の費用をまかなうものとしたためである。

◎動産類の表示

値段の安い動産類は逐一書かなくても、このようにまとめて書くことで記載を省略できます。

◎預金口座の表示

銀行預金や証券取引きなどは、金融機関名・支店名・口座番号まで書いておくと、相続人の処理が楽です。

◎前書きと教訓条項

法律的には意味のない前書きと教訓条項の例です。形式をととのえるために書くことも多いのですが、省略してもかまいません。

◎祭祀承継者の指定

祖先への祀り事や墓所の管理などを誰が行なうかを定め、そのための費用は、多めに継がせた長男の相続分から出すべきことも記してあります。

◎不動産の表示

不動産は、法務局の登記簿や権利証などに記載されたとおりの地番や家屋番号で書く方が明確に特定されます（住所表示とは異なるものです）。相続後の登記の移転申請も、この地番・家屋番号ですることになります。

◎表題

表題は、必ず必要なものではありませんが、あった方がわかりやすくてよいでしょう。

公正証書遺言の例

▶タテ書きもあります

令和○年　第○○○○号

遺言公正証書

本職は遺言者甲野太郎の嘱託により、証人乙野次郎、同じく丙野三郎の立会いのもと、下記の遺言の趣旨について口授を筆記し、この証書を作成する。

遺言の趣旨 ← ここから遺言の内容が記されます。

第１条　遺言者は、遺言者の所有する次の不動産を、妻である甲野花子（昭和○○年○月○日生）に相続させる。

１．宅地　○○平方メートル

　　地番　東京都新宿区○○１丁目２番５　（…以下、遺言内容略…）

本旨外要件 ← 上の「遺言の趣旨」で記された遺言の具体的内容（＝本旨）以外の必要事項（遺言者・証人の氏名や住所、公証人の署名など）が「本旨外要件」として以下に記されます。

東京都新宿区○○１丁目３番２号

　職業　無職

遺言者　　甲野太郎

　昭和○○年○月○日生

上記は印鑑証明書の提出により人違いでないことを証明させた。

　東京都中央区○○１丁目３番５号

　証人　乙野次郎

　昭和○○年○月○日生

　千葉県千葉市○○町２丁目１番２号

　証人　丙野三郎

　　昭和○○年○月○日生

上記したところを遺言者及び証人に読み聞かせたところ、各自筆記の正確であることを承認し、以下に署名押印する。

　遺言者　　甲野太郎　㊞

　証　人　　乙野次郎　㊞

　証　人　　丙野三郎　㊞

← 遺言者の印は実印でなければなりませんが（印鑑証明書が必要）、証人の印は認印で足ります。

この証書は、民法第969条第１号ないし第４号所定の方式より作成し、同条第５号に基づき以下に署名押印する。

↑ 公証人が法定の方式通りに作成したことを宣言し、署名・押印します。

令和○○年○月○日　　本職役場において

　東京都新宿区○○町○番○号

　東京法務局所属

公証人　　丁原文成　印

第 1 部

思い通りに遺産を相続させる遺言のすすめ

◆思いどおりに遺産を渡すには ルールに従って遺言をする必要がある

〔1〕なぜ遺言を書く必要があるのか

〔2〕こんな場合には遺言を書こう

〔3〕遺言を書くときに注意すること

◆思いどおりに遺産を渡すにはルールに従って

◎遺言とはなにか

「遺言」は、国語辞典によれば、「死後に言い残すこと。または、その言葉。」などとなっています。これは一般的に使われている「ゆいごん」の意味ですが、法律の世界では「いごん」と言い、内容も多少異なります。

法律上の「遺言（いごん）」は、人の財産の処分等について最終の意思（願い）を実現するための制度であり、その意思の実現を保障するのが遺言制度です。ただし、財産相続などでは遺言の影響は大きいことから、法律上さまざまな規定が設けられています。

◎遺言には方式と内容の制約がある

遺言は、人の（主に財産処分に関する）最終意思のことですが、一定の方式によらなければ、死後に効力が発生しません。遺言の方式には、**自筆証書遺言**、**公正証書遺言**、**秘密証書遺言**、**危急時における特別方式の遺言**とがあり、民法が定めるそれぞれの方式によらなければ、無効となります。方式を厳格に定めているのは、遺言が問題となるのは死後のことであり、遺言を残したとされる当人が本当に作成したものであるかどうかを明確にするためなどの理由によります。

遺言の内容についても一定の制約があります。遺言は死後にその効力が発生しますが、法律上は無意味なものもあります。「兄弟仲良くするように…」などがその典型です。

また、その内容が法律の規定と異なり、問題となる場合があります。例えば、「○○に全遺産を相続させる」という場合、法律上は相続人には**遺《い》留分《りゅうぶん》**（相続分をゼロとするような遺言があっても、各相続人が最低これだけは相続できると保障された割合）があり、他の相続人の遺留分を侵害することになります。もっとも、法律は、こういう場合を想定して、遺留分を侵害された相続人に侵害額の返還請求権を認めています。

このように、遺言は一定の方式で作成しなければならず、死後に遺言者の意思がすべて実現されるというものではありません。

遺言をする必要がある……遺産を自分の意思で相続させる

◆遺言制度＆遺言の方式

遺言書

…………………

…………………

…………………

【遺言の方式】
①自筆証書遺言
②公正証書遺言
③秘密証書遺言
④特別方式の遺言

●遺言（指定相続）があると、遺言書の内容どおりの相続となる。ただし、遺言が方式違反だと無効となる。

遺言が
ないと

法定相続

●遺言がないと法定相続となる。法定相続の相続人および相続分については、民法の相続編に定められている。（31ページ参照）

◎遺言を残そう

遺言は満15歳になれば、認知症などで事《じ》理《り》弁識《べんしき》（判断）能力がない場合を除き、誰でもすることができます。遺言がなければ法定相続ということになりますが、法定相続とは違った相続をさせたい、と思う人も多いはずです。法定相続は、相続人に公平に相続させるということが重視されています。しかし、今日、家族環境もさまざまで、遺言を残したほうがよいと思われるケースも多くなっています。遺言をすることにより、悩みが解決できる場合もあります。

1 自分の“思い”をかなえるには遺言が必要

➡法定相続と異なる遺産の渡し方をするには遺言によるほかはない

●遺言は“思い”の実現のために

誰もがいずれは死を迎えます。そして、自分が死んだあとも家族は幸せに暮らしてほしい、世話になった人に金銭を贈与して恩返しをしたいなど、さまざまなことを考えます。こうした思いをかなえるのが、遺言なのです。

ただし、遺言は、決して万能なものではありません。妻（配偶者《はいぐうしゃ》）に「長生きしろ」と遺言しても、法律的上そのことを強制することは無意味で効力はありません。効力があるのは、法律で効力が認められている、次ページの表に示した12項目だけです。

遺言を活用できるケースは、大きく分けると以下のものが考えられます。

①遺産を自由に処分したい（遺贈《いぞう》〈遺言による贈与〉も含む）
②相続紛争を遺言することにより防止したい
③婚姻外でできた子の認知など生前にできなかったことを死後に実現したい
④子（未成年者）の将来のことを誰かに頼んでおきたい…など

こうしたことを具体化して、遺言の内容とします。

●遺言があると相続はどう変わる？

遺言は残すのも残さないのも自由です。遺言がない場合には、民法が定める**法定相続**によって相続することになります。法定相続は、被相続人《ひそうぞくにん》（死亡した人）の財産について誰がどのような割合で相続するか（相続分）などの内容となっています。例えば、妻と子が相続人となる場合、妻が２分の１、子が２分の１（子が数人いるときには1/2÷子の数）と規定されています。

遺言がある相続の場合を**遺言相続**（または**指定相続**）といい、法定相続に優先します。法定相続で決まった分け方でいいと思うなら、あえて遺言をす

◆法律効果が発生する遺言の内容

どのような内容のものが法律効果を生むかについては規定があり、おおむね以下の12種類です。

①相続に関すること	推定相続人に関すること	⑴法定相続分とは違う割合にする（相続分の指定および指定の委託、民法902条１項） ⑵個々の遺産について相続させる人の指定などをする（遺産分割方法の指定および指定の委託、民法908条） ⑶特別受益者の持戻しを免除する（民法903条３項） ⑷一定期間、遺産分割の禁止をする（民法908条） ⑸推定相続人の廃除または廃除の取消し（民法893条、民法894条） ⑹共同相続人間において担保責任の指定をする（民法914条）
	推定相続人以外に関すること	⑺遺言執行者を指定および指定の委託をする（民法1006条） ⑻相続人以外の者への贈与、寄付をする（民法964条） ⑼民法の定める遺留分減殺方法とは違う減殺方法を指定しておく（民法1047条１項２号ただし書き）
②相続以外のこと		⑴正式結婚外でできた子を父親が認知（民法781条２項） ⑵未成年後見人、後見監督人の指定（民法839条、848条） ⑶信託の設定（信託法３条２項）

る必要もないようですが、法定相続で決まっているのは、相続分（割合）までです。個々のどの遺産を誰が相続するかまでは決まっておらず、これは相続人全員による**遺産分割協議**で決めることになっています。したがって、自宅を妻に残したいという意思があれば、その旨を記載した遺言を残しておかないと、妻の所有となるとは限らないのです。

このように遺言は、**法定相続とは異なる相続をさせられる**、あるいは**法定相続で定められていないことを補う**という利点があります。

現代社会は多様化し、財産を残す人の考え方もさまざま分化しています。自分の死後、誰に、どのように財産を相続させたいかは、遺言を残す人の意思次第です。例えば、会社や農地を相続人の一人だけに相続させたい場合、あるいは自宅を妻に相続させたい場合、また、なんらかの事情があり相続人以外の人に財産を贈与したい場合など、遺言は不可欠と言えます。

2 どんなことを、どう書けばよいのか

➡自分の“願い”を法律上効果のあるものにする

●遺言にどんな“思い”をこめるか

遺言は、死亡したときのためにする最後の意思表示と言われます。意思ですので、“なにを思い願うか”ということになります。

ただ、遺言は決して万能ではありません。多くの親にとっては、子がいれば「兄弟仲良く、幸せな生活を送ってほしい」と思うものでしょう。しかし、こうした遺言を書いても、法律的効果を発生させることはありません。遺言に書いて意味のある“思い”は、法律効果が生ずる一定のものに限られているからです。逆に言えば、**自分の“思い”を法律的に効果のある内容に置きかえて、遺言を書く必要がある**のです。

自分の思いを具体化してみてください。すると、具体化したその内容が遺言の内容となります。それが遺言を書くことの理由（思いの実現）でもあるのです。

●“思い”をかなえる遺言を書く

自分の死後に残される人に対する思いを遺言する場合、その書いた内容が効力のあるものでなければなりません。

例えば、子どもの中に障害者の子がいて行く末が心配という場合、「○○をよろしく頼む」といった遺言ではだめです。遺言では、そうした心配は、具体的に財産をその子に多く残すという方法で手当てしなければなりません。したがって、「○○に△△銀行の定期預金○○○万円を相続させる」といった内容でなければなりません。

また、婚姻《こんいん》外の子（愛人の子、あるいは婚姻届を出さない事実婚によってできた子）を認知する場合、その子は認知により非嫡出子《ひちゃくしゅつし》の身分を取得して

相続人となります。この非嫡出子の法定相続分は、以前は嫡出《ちゃくしゅつ》子《し》（婚姻届を出した正式の夫婦間にできた子）がいればその嫡出子の２分の１でしたが、最高裁の違憲決定とその後の法改正（民法900条）により、現在では同等となっています。そのため、両者の相続分を同じにするための遺言は不要となりましたが、個々の遺産分けで争いとなるようでしたら遺言をしておくとよいでしょう。

次に、妻への感謝の気持ちを相続に反映させた遺言を書くという例について考えてみましょう。妻が経済的に安心して老後の生活をおくれるよう、なるべく多くの遺産を妻に与えたいと思っている場合です。

考え方の流れは、以下のようになります。

①妻への感謝の気持ち
➡②妻にできるだけ遺産を多く残す
➡③妻に全遺産を相続させる遺言を書く
ほかの相続人には、必要に応じて、妻に全遺産を相続させる理由を示し、遺留分の請求をしないように指示する

③が具体的な遺言の内容です。

妻（配偶者《はいぐうしゃ》）と子が相続人の場合、法定相続分は妻が全遺産の２分の１、子が２分の１（子が数人いれば２分の１を子の間で均等分け）ですが、遺言により妻が全部、子がゼロということになります。

ただし、子には**遺《い》留分《りゅうぶん》**（どんな遺言があっても最低限相続できる割合のことで、子の遺留分は全遺産の４分の１＝相続人全体での遺留分２分の１×子の法定相続分２分の１…１人あたりはさらに頭割り）ですので、妻に全遺産を相続させ子をゼロにすることは子の遺留分を侵害することになります。

しかし、遺留分の侵害は、侵害された者が侵害した者に対して侵害額の支払いを請求した場合に取戻しが認められるもので、支払請求をしなければ遺言どおりでよいこととなります。こうしたケースでは、遺言者が全遺産を妻に相続させることを子にも伝え、妻が相続した分は、いずれ妻が死亡したときには子が相続することになる旨を話し、支払請求をしないように頼んでおく（または遺言に書いておく）とよいでしょう。

◆遺言（指定）相続と法定相続

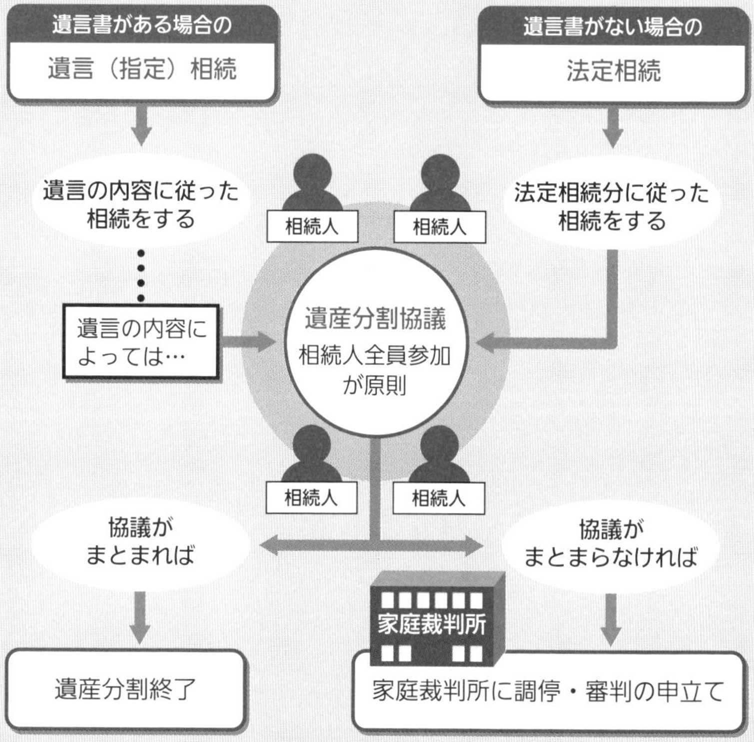

●遺言（指定）相続

■遺言どおりに相続せさることができる。相続人以外の者への遺贈や認知等もできる。ただし、以下の点には要注意。

①方式違反の場合（本文をパソコンで書いた遺言書など）は無効。

②遺言の内容が公序良俗に違反する場合（例えば○○を殺したら○○万円を遺贈する）は無効。

③錯誤（重要事項のかん違い）による遺言は無効。また、詐欺や強迫による遺言は取消しができる。

④遺言に書かれていない相続に関することについては法定相続の規定によることとなる。

⑤相続人の遺留分を侵害する内容の遺言は無効ではないが、侵害された相続人は侵害額の支払請求ができる。

●法定相続（民法の相続の規定による）

民法の相続の規定

法定相続の相続人および相続分は以下のとおり。

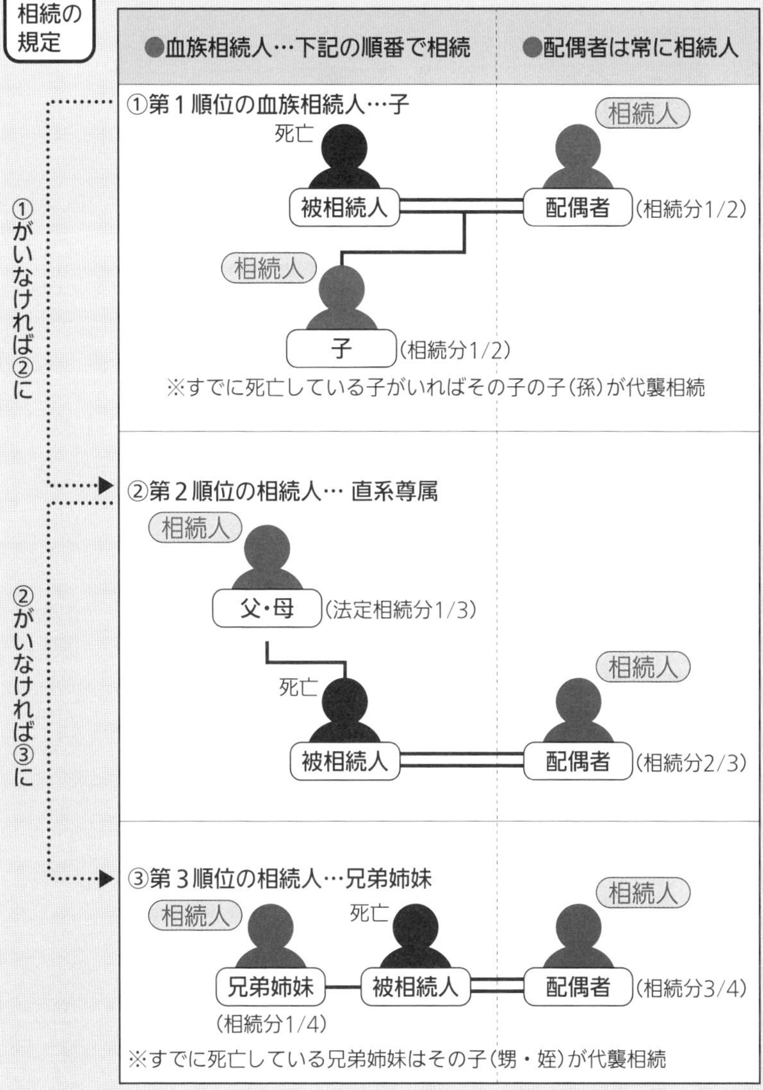

CASE 1

子のいない夫婦だが妻にだけ遺産を渡したい。

●子供がいないので、自分（夫）が亡くなると弟と妹が相続人になります。ろくにつきあいがなく遠方にいる彼らに遺産分けをするとなると、相続手続きで妻にたいへんな手間をかけるし、十分とはいえない老後の生活資産を失ってしまうことにもなるのですが……。

解決 ⇒ 妻だけに相続させる旨を遺言するとよい。

◎遺言の目的の一つは争いを残さないこと

自分の所有する財産は、生前でも死後でも自由に、かつ自分の思い通りに処分することができます。

相続という言葉から「相続争い」という言葉が連想されるように、相続をめぐっては争いというか、諍《いさか》いがつきまといます。肝心の相続をさせる当人は、すでに亡くなっているわけですから、争いを止めることはできません。

その争いも、親や子、兄弟間の争いですから、これを境に親族間の付き合いもギスギスしたものになりがちです。これでは、相続させる側（被相続人《ひそうぞくにん》と言います）としても死んでも死に切れません。そこで登場するのが、このような争いを未然に防止する相続方法を決めることができる「遺言」です。

「葬儀は身内だけで行え」とか「香典は辞退せよ」「母を大事にせよ」など、故人が最後に子孫に残す言葉は、法律上の効力を持つ遺言ではなく、「遺《い》訓《くん》」です。法律上の効力を持つ遺言は、遺産の処分に関すること、それ以外にも民法で定める特定の事項（隠し子を自分の子と認める認知、暴力を振るう子を相続人から外す廃除《はいじょ》など）に関することに限られます。もちろん、前述した遺訓を書いたからといって、遺言が無効になるわけではありません。

◎子どもがいない場合の相続は？

遺言がなければ、相続は民法の定める相続方法（これを**法定相続**といいます）に従うことになります。子がいれば配偶者《はいぐうしゃ》（夫からすれば妻）が２分の

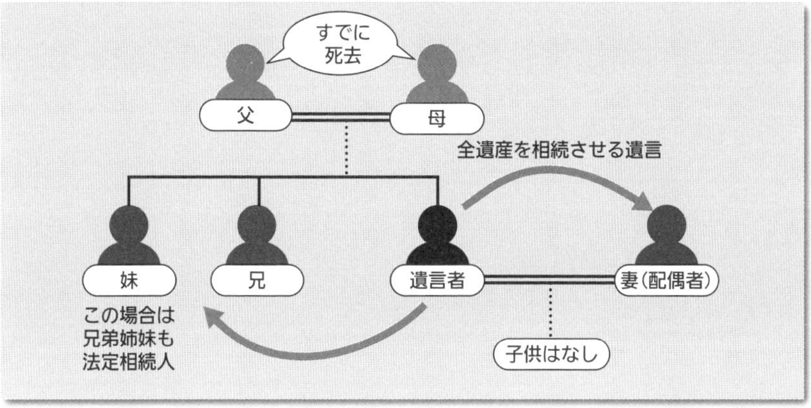

1、子が2分の1（複数いれば等分に分ける）となります。配偶者がすでに亡くなっていれば、子のみが遺産をすべて相続します。

子がいなければ、親（尊属《そんぞく》と言います）が相続人となり、親3分の1、配偶者が3分の2です（配偶者がいなければ親が遺産すべてを相続します）。親もすでにいないとなると、兄弟姉妹が相続人となります。兄弟姉妹の相続分は4分の1、配偶者は4分の3です（配偶者がいなければ兄弟姉妹が遺産の総取りとなります）

子はすでに死亡しているが孫がいる、あるいは兄弟姉妹が相続人になるケースで、すでに兄弟姉妹は死亡したが甥《おい》や姪《めい》がいるという場合には、孫や甥、姪がその親に代わって相続人となります（これを**代襲相続《だいしゅうそうぞく》**といいます）。

遺言書を書こうと思っている人の多くは、自分の親はすでに亡くなっているケースが多いと思われます。この夫婦に子どもも孫もいないとなると、遺言のないときの法定相続では亡くなった人の兄弟姉妹が相続人となります。

しかし、親しく交際している兄弟姉妹ばかりとは限りません。遠方に住んでいたり、あるいは海外にいっていたりすると、残された妻または夫にとって、大変な相続手続きの手間がかぶさってきます。

相続人となる者には、前述した「遺留分《いりゅうぶん》」という遺言によっても侵害できない受取り分がありますが、**兄弟姉妹が相続人になるときには遺留分はありません。**ですから、「全部の遺産を妻（または夫）に相続させる」という遺言を残しておけば、遺産は妻（または夫）だけが受け継ぐことができます。

CASE 2 事実婚（内縁）の妻子に遺産を渡したいのだが

●事実婚を続けてきた妻と、妻との間にできた子がいます。このまま私が死ぬと、妻も子も私の財産を相続できず、私の兄弟姉妹が相続人になると聞いたので心配しているのですが……。

解決 ⇒ 事実上の妻には遺言で遺贈をするとよい。
子は「認知」すれば相続権を得る。

◎正式の夫婦と内縁の夫婦

相続に関しては、わが国では、法律上の正式な結婚をしていない夫婦は、夫婦としての法律上の保護を受けられない決まりになっています。

ちゃんと結婚式も挙げ、一緒に生活し、また親戚一同が夫婦として認めていたとしても、ダメです。正式な結婚とは、お互いが結婚するという意思があり、婚姻届を市区町村役場に提出し、受理してもらうことです。

お互いに愛し合い、共同生活を送っていても、この婚姻届を提出しない夫婦のことは「**内縁関係**《ないえんかんけい》」あるいは「**事実婚**《じじつこん》」といい、原則として法律上の権利や保護を受けることはできません。

たとえば、内縁の夫婦の間に子供ができても、そのままでは夫の姓を名乗れませんし、そもそも夫が自分の子であることを認める**認知届**《にんちとどけ》を市区町村役場に提出しなければ、夫の子とは認められません（逆に言えば「認知《にんち》」さえすれば婚姻外でできた子も夫の実子として相続権を得ることができます）。また、夫が死亡しても、内縁の妻には夫の財産を相続する権利はありません。

内縁の妻が、長年にわたって夫あるいは夫の親の介護に尽くしてきたとしても、夫の財産を相続することはできないのです。

また、夫が何年も妻と別居し、別の女性と内縁関係を続けているケースがあります。これを**重婚的内縁関係**《じゅうこんてきないえんかんけい》といいますが、法律上の妻よりも内縁の妻の方に夫婦としての実体はあるといえます。しかし、内縁の夫が死亡した場合に、別居していた法律上の妻が遺体の引き取りや相続を主張してくると、

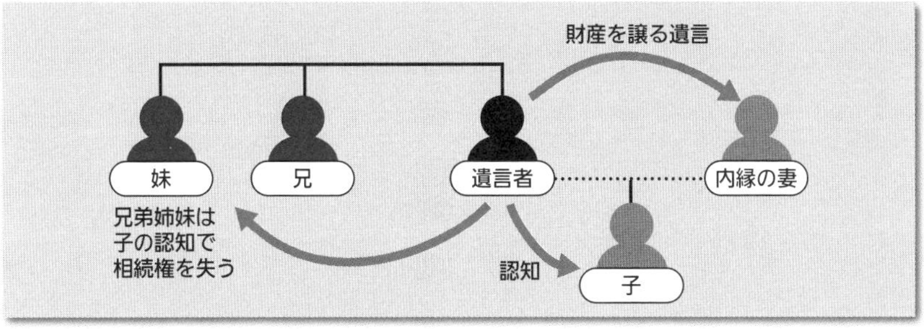

内縁の妻は引き下がらざるえません。

このように何十年も一緒に生活し、子どもがいても、相続に関しては、内縁の妻は何ら相続に関する権利を主張することはできないのです。

◎遺言こそ内縁の妻を救済する方法

夫（被相続人）に法律上正式の妻子、あるいは親がいない場合、夫が遺言で、全財産を内縁の妻に相続させることは可能です。

夫に兄弟姉妹がいて、相続財産をよこせといってきても、遺言で全遺産を内縁の妻に譲る遺言をした場合には、夫の兄弟姉妹には遺留分はありませんので、そのような要求は認められません。また、内縁でできた子でも認知を受ければ第一順位の相続人になりますから、そういう子がいる場合には、そもそも順位の劣る夫の兄弟姉妹は相続人になりません。

もちろん、内縁の妻との間に認知した子がいれば、その子には法定の相続権があり、遺留分（全遺産の２分の１）もありますから、仮に遺言で内縁の妻のみに全財産を譲るとした場合でも、子どもはその遺留分である２分の１を侵害額支払請求によって取り戻す権利を持っています（母子の間でそういう争いを避けるべきだというのは、また別の問題です)。

では、遺言がなかった場合には、内縁の妻は夫の財産を一銭ももらえないのでしょうか。夫に法定相続人（法律上正式の妻子、親、兄弟姉妹など）がまったくいない場合には、内縁の妻は**特別縁《とくべつえん》故《こ》者《しゃ》**として、家庭裁判所に申立てをすれば、その財産の全部あるいは一部をもらうことができます。

また、内縁の夫婦が住んでいた建物が借家であった場合には、ほかに法定相続人がいなければ､内縁の妻は借家権を相続することが認められています。

CASE 3 相続人でない人に財産を譲りたいのだが

●私が亡くなると、相続人は妻と子ども２人ですが、私にはたいへん世話になった恩人がいます。その人にも相当の遺産を譲りたいと思っているのですが。

解決 ⇒ 相続人の遺留分に注意し、その恩人にお金や特定の物件を譲る旨を遺言しておくとよい。

◎遺言によって遺贈できる

被相続人は、自ら所有する財産を相続人以外の者に譲渡することも自由にできます。たとえば世話になった他人、学校や福祉法人に、自分の死後、遺産を受けとらせたいならば、遺言にその旨を指示しておけばよいのです。

あるいは近親者でも、親や兄弟姉妹、甥《おい》・姪《めい》などは、第一順位の相続人である子がいる限り、法定相続のルールでは相続を受けられませんから、親や兄弟姉妹にも遺産を分けたければ遺言によってしなければなりません。

遺言による財産の譲渡のことを「**遺贈**《いぞう》」といいます。遺贈を受けることができるのは、相続人でも、相続人以外の者でもかまいません（会社などの法人でもよい）。

相続人が遺贈を受けるという意味は、法定相続分を超える割合を受け取ったり、特定の物品を遺言の指示によって受け取ったりすることをいいます。

遺贈には「○○銀行の預金○○万円」とか「どこそこの土地○○㎡」といったように、特定の財産を遺贈する方法（**特定**《とくてい》**遺贈**《いぞう》）と、「遺産の３分の１」などと割合だけの指定で遺贈する方法（**包括**《ほうかつ》**遺贈**《いぞう》といいます）があります。

遺贈は被相続人が受取り手の承諾なしで行なうもので、事前に受取り手との合意は必要ありません。ただし、遺贈によって財産を譲り受ける者（**受遺**《じゅい》**者**《しゃ》といいます）は、これを放棄することもできます（相続と同じです）。

受遺者が遺贈を放棄するとき、遺贈が特定遺贈か包括遺贈かで手続きが異なります。特定遺贈の場合には、相続放棄のように家庭裁判所に申し立てる

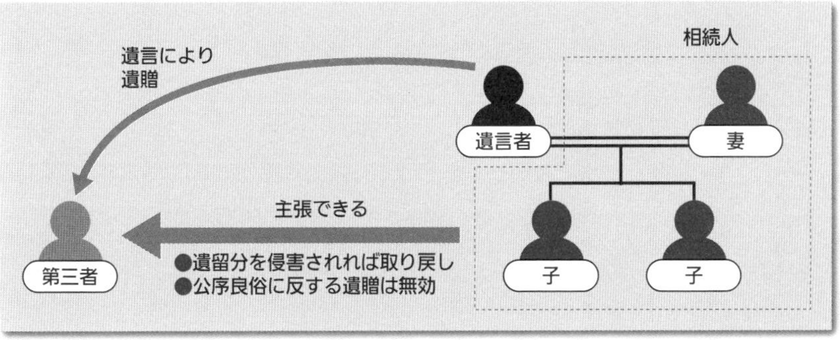

必要はなく、いつでも、自由に放棄できます。しかし、それだと相続人が相続財産を特定できないおそれもありますので、相続人や関係者は、放棄するか否かを決めるよう催告できることになっています。

これが包括遺贈ですと、受遺者は相続人と同じ立場に立つと民法で規定されていますので、自分に遺贈がされたことを知ったときから３カ月以内に家庭裁判所に行って手続きしなければ、放棄することはできません。

◎他人に遺贈する場合の注意

前述したように、被相続人は自分の財産を生前でも死後でも自由に処分できるのが原則ですが、制限もあります。その制限が「**遺留分**《いりゅうぶん》」です。被相続人は残された家族（相続人）の生活保障にも気を配らなければなりませんし、また相続人の相続に対する期待権を尊重する必要もあるからです。

相続人以外の者に遺贈を行う場合には、相続人の遺留分を侵害しないよう注意することが必要です（遺留分については62ページ参照）。

遺贈が「公序良俗」に反する場合には、遺贈は効力を持ちません。よくある例は、愛人に対する遺贈です。判例では、愛人関係を維持する目的でなされた遺贈は無効とされています。

遺贈する際に一定の負担を付けた遺贈が行われることもあります。たとえば、「母親の面倒を生涯みることを条件に現在住んでいる土地家屋を長女に相続させる」などです。もし、長女が相続はしたのに、母親の面倒を見ることを怠った場合には、他の相続人から、家庭裁判所に遺言の取消しを請求されることにもなりかねません。

CASE 4 家業を子の1人だけに継がせたい

●小さな株式会社を経営しています。子供が3人いて、長男を跡取りにと考えています。会社の株などの資産を子供たちに公平に分けると経営が成り立たなくなってしまうでしょうが、長男だけに事業用資産を譲ると、ほかの子たちが不満をもつだろうと思って悩んでいます。

解決 ⇒ **跡取り以外の相続人への代償措置に配慮して事業資産を1人に集める遺言をするとよい**

◎遺産を細分化できないときは

遺産が預貯金や株式など、分割することが容易なものばかりならよいのですが、家業の元となるものといえば農地、商店や工場の敷地・建物、漁船などのように、分割が困難なもの、あるいは分割してしまうと価値がなくなるものも多く、相続によって分割を強いられたために家業を維持・継続できなくなるというケースも少なくありません。

家業が株式会社形態になっていれば、遺産分けはその会社の株式を分割することで形としては容易に解決します。しかし、家業の維持・継続という点では、株や事業資産が何人もの相続人にバラバラに保有されてしまうと、統制のとれた会社経営は極めて困難になってしまいます。

被相続人は、自分が努力して続けてきた家業ですから、自分の死後も、誰かに引き継いでもらいたいと思うのが当然です。息子の1人が「親父の仕事を俺が継ぐよ」と言ってくれるのであれば、その子に株や事業資産をまとめて相続させて経営をまかせたいと願うことでしょう。問題は、そのことで受取り額が減る他の子たちが不満に思い、争いが起こらないかどうかです。

このようなとき、被相続人が何らの対策もとらずに亡くなると、遺産分割を巡っての争いが起こることは目に見えています。遺言を残す主要な目的は、被相続人（遺言者）の死後に相続をめぐるトラブルが起こらないようにすることです。そこで、遺言者としては智恵を絞ることが必要となります。

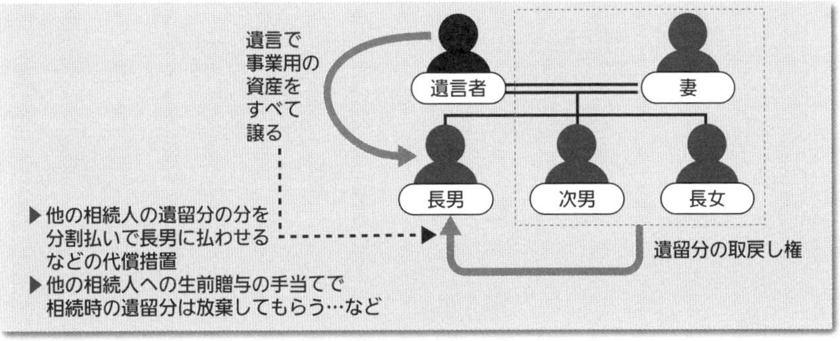

◎問題を残さない遺言の方法を考えよう

家業を維持・継続していくのに必要な相続財産のほかに、これと同等か上回るほどの財産があれば、子供たちに平等の遺産分けをすることは可能です。

問題になるのは、家業を維持・継続していくのに必要な財産が遺産のほとんどという場合です。その場合でも、家業を継ぐという子に必要な財産を相続させる旨の遺言をしておきます。他の子には「**遺留分**《いりゅうぶん》」という権利がありますので、その分をどう埋めるかです。

まず、家業と関係ない財産を分配します。これで不足する分は、家業からあげる収益から分割払いで支払うことにするよう遺言することで解決できます。他の子供がそれで納得しない場合には、家業に必要な財産を子供たちの共有とし、その共有財産を実際に使用する者（家業を継ぐ子）が、他の相続人に対して使用料として金銭を支払うという方法も考えられます。

なお、家業を継がない子らの各人の遺留分は、被相続人に妻（配偶者）と子供３人がいるという例では、

２分の１（相続人全体での遺留分）×２分の１（子供と配偶者とで半々の法定相続分）×３分の１（子供１人あたりの頭割り分）＝12分の１

となります（仮にもう配偶者が亡くなっているのであれば、その分がなしになって子供１人あたり６分の１ずつの遺留分）。

子供たちが遺言の指定に納得しないときは、この遺留分の割合だけは最低限の保障分として取り戻すことができます。そういうゴタゴタが生じないよう、生前から子供たちによく自分の願いを話しておくことで、よりスムーズな相続ができると思います。

CASE 5

主要な遺産が自宅のみだがまるごと妻に相続させたい

●めぼしい財産が老妻と住んでいる自宅しかありません。子供２人にも遺産分けするとなると、この家を売るほかなく、妻が住み続けられなくなってしまいます。

解決 ⇒ **妻が自宅をまるごと相続する旨と、他の相続人への代償措置を遺言する（今回は妻のみの相続とする案もある）**

◎ネックは子供たちの遺留分

夫がサラリーマンだったという家庭では、主要な財産といえば現在住んでいる家屋（あるいはマンション）と、まさかのときのための預貯金だけという例が多いのではないでしょうか。

すでに子供たちは独立して生活しており、いまさら親から資金の援助をしてやる必要性は薄い。家族のために尽くしてきた老妻の今後の暮らしのことだけが心配で、共に築いてきた財産のすべてを遺してあげたいと考えている人は多いでしょう。とりわけ、生活の本拠として住み慣れてきた自宅を、歳をとってから出ていくことになるのは避けてやりたいと思うのが当然です。

わが国では、「私有財産制」をとっており、生前でも、死後であっても、自分の財産は自由に処分できるというのが大原則です。ですから、赤の他人に自分の全財産を譲ることにしても、当人の勝手といえば勝手です。しかし、同時に、それではあんまりで、残された家族を保護する必要もあります。そこで、この原則に対する例外として設けられたのが「**遺留分**《いりゅうぶん》」の制度です。

遺留分が認められている相続人は、被相続人（亡くなった人）の配偶者（妻または夫）、子（直系卑属《ちょっけいひぞく》）、親（直系尊属《ちょっけいそんぞく》）です。兄弟姉妹には遺留分はありません。

「妻に全財産を相続させる」という遺言をしたとすると、他の相続人が子か親となる場合ならその遺留分を侵害することになります。２人の子と妻とが相続人の場合、**子の遺留分は、遺産総額の２分の１に各人の法定相続分**（子

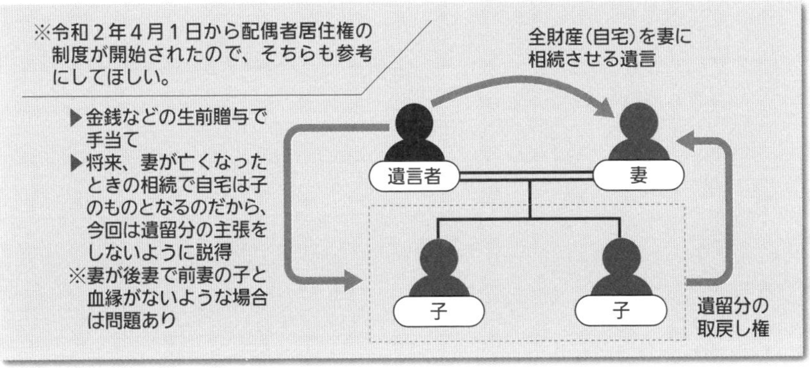

は全員で2分の1、1人あたりはそれを均等割り）をかけたものですから、子は1人あたり2分の1×2分の1×2分の1（子2人で均等割り）＝8分の1の遺留分があり、それを侵害されることになります。

遺留分を侵害された相続人は、侵害の事実を知ったときから1年以内に、**遺留分侵害額《いりゅうぶんしんがいがく》の支払請求権《しはらいせいきゅうけん》**を行使することができます（ただし1年を過ぎてしまうと時効によって請求権は消滅します）。

◎どのような内容の遺言にするか

自分の死後の老妻の暮らしを心配して遺言を書くケースですから、すでに親はなくなっているとして考えてみましょう。「妻に全財産を相続させる」という遺言をした場合に、子としてはどのような対応をするでしょうか。

世の中の大部分の子は、遺言の内容に従うことでしょう。遺留分に相当する分け前をよこせ、などとは、自分の母親に対しては言いにくいからです。いずれ母親が亡くなれば母親から相続できるということもあります。

しかし、遺贈を受けたのが後妻であった場合には話が別です。前妻の子らは、後妻と**養子縁組《ようしえんぐみ》**をしない限り、その後妻からは相続を受けられません。その後妻に子がいた場合、前妻の子からすると、そのままでは実父の財産はいずれすべて後妻の子にもっていかれてしまいます。自分たちは一銭も受け取れないのです。

このような後妻への全額遺贈では、子から遺留分侵害額請求権を行使されることも十分考えられます。

CASE 6 子の嫁がしてくれる介護の世話に報いたい

●長男一家と暮らしていますが、長男の嫁にずっと介護の面倒をかけています。その恩義に報いたいと思っているのですが、ろくに訪ねてもこないほかの子供たちに遺産分けの話合いをまかせると、この思いをちゃんと反映してもらえるとは思えません。

解決 ⇒ 嫁の寄与分を明示して嫁本人に遺贈するか長男に厚く譲る旨を遺言するとよい。

◎息子の嫁には相続権はない

親が亡くなれば、息子は子として法定相続人となりますが、息子の嫁は子ではありませんので、どんなに親密な関係があったとしても相続人にはなれません。

民法では、親より先に息子が死亡した場合、その嫁は、そのまま夫の親との姻族《いんぞく》関係を継続してもいいし、また姻族関係終了届を市区町村役場に提出して、姻族関係を終わらせることもできます。

しかし、たとえ親と同居し、姻族関係が続いたとしても、息子の嫁は法定相続人にはなれませんから、相続はできません。

同居をしていた長男（次男でも三男でも）の嫁が、年老いた義理の親（舅《しゅうと》・姑《しゅうとめ》）を生活全般にわたって支援したり、介護したりすることは大変な負担、苦労であって、面倒をみてもらった側がなんとかその労に報いたいと思うのは自然なことです。しかし、いくら心から感謝の気持ちを伝えるなどしていたとしても、具体的になにも手を打たなければ、その嫁に自分の財産を譲ることによって恩義に報いるという結果にはなりません。

親を扶養したり、介護に尽くしたという場合には、「**寄与分**《きよぶん》」の制度があり、法定相続分にその「寄与分」を上乗せして受け取ることが認められていますが、この対象になるのは法定相続人に限られています。

義父母の介護に尽くしてきた嫁としては、自分の夫（亡くなった人の子）

が生きていれば、夫の相続分に自分のした介護の貢献分を上乗せしろと請求できますが、嫁本人には、どんなに親身になって介護に尽くしたとしても、相続財産はいっさい入ってこないのです。

◎こんな場合にこそ遺言が必要

現在でも、結婚式は「○○家」「××家」との結婚となっていますし、お墓も「○○家の墓」というように、戦前の「家」の制度の名残が残っています。

夫に死なれた嫁が、真心をこめて夫の親の介護に尽くすのも、戦前の家族制度の流れを引くものといえます。ひるがえって、義理の親が死亡したときの相続の面では、なんら報われないというのは、制度上の欠陥ともいえます。その弊害を無くすためには、遺言を残しておくことです（生前に財産を贈与しておいてもいいでしょう）。

面倒を見てくれた親族が、兄弟、姉妹であった場合にも、遺言を残しておくことのが最良の方法です。なにもしてくれなかった親不孝な息子・娘がいて、相続権を主張すると、親身になって面倒を見てくれた兄弟や姉妹には、相続財産は一銭もいかないことになるからです（亡くなった人に子も親もいないときは、兄弟姉妹が相続人になり、遺言で指定しなくても法定相続を受けられますが、相続分は頭割りですから、兄弟姉妹のうちの面倒をみてくれた人に厚く渡すためには、やはり遺言で指定することが必要です）。

ただ、注意しなければならないのは、何人かの兄弟・姉妹が交互に面倒を見てくれたのに、そのうちの１人に全財産を遺贈するという遺言を残す場合です。これは亡くなった人に子も親もなく、兄弟姉妹が法定相続人になる場合の問題ですが、兄弟姉妹の１人だけに全財産を譲る遺言をすると、他の兄弟姉妹には相続財産はまったくいきません。兄弟姉妹には遺留分権がなく、自分の最低限の受け取り分を取り戻す請求（**遺《い》留《りゅう》分《ぶん》侵《しん》害《がい》額《がく》請《せい》求《きゅう》**）ができないからです。

◎「特別の寄与」

なお、令和元年７月から、嫁も「特別寄与料」を請求できることになりました。これは制度が進んだものですが、まだ実績がない制度なので、どれくらい請求できるか不明です。やはり、遺言をするのが確実です。

CASE 7 障害のある子に多く財産を残したい

●兄と弟二人の子がいますが、障害のある兄の方に幼時からずっとお金をかけてきました。長じて適職につけず収入に恵まれない兄の方に遺産を多く与えて支援してやりたいのですが、えこひいきが過ぎると弟が不満に思っているらしいのです。

解決 ⇒ **弟の遺留分に配慮し、兄に多く譲る旨を（ていねいに理由も付して）遺言するとよい。**

◎遺産は平等に渡さなくてもよい

相続法の原則は、相続順位の同じ相続人が複数いる場合には、平等に相続する「均分相続《きんぶんそんぞく》」です。被相続人《ひそうぞくにん》（亡くなった人）の遺言がなければ、相続分（割合）は法定相続の決まりに従うわけですが、具体的にどの財産を誰が受け取るかは、法定相続人全員で話し合って決めなければなりません。これを「**遺産分割協議《いさんぶんかつきょうぎ》**」といいます。

民法では、遺産分割を行なう際の基準を定めています（906条)。その中に「各相続人の年齢、職業、心身の状態」などを考慮して分割協議を行なうよう定めています。そのうちの「心身の状態」は昭和55年の改正で加えられたもので、心身の障害者へ配慮するべきことを定めたものです。親が心身障害者の子に対して、将来の不安を少しでも和らげるように、その子に対して遺産を多く残したいと思われるのは、親の気持ちとして当然のことですし、法律もそのことを配慮しているわけです。

そのような遺言を残した場合に問題となるのは、他の子どもたちとの兼ね合いです。他の子には遺留分《いりゅうぶん》がありますから、それがネックとなります。

◎遺留分を放棄してもらう方法もある

遺言によって相続人に財産を相続させる方法には、「土地は妻に」「預金のうち○○万円は長男に」というように個別に財産を指定する方法と、相続人の相続分を法定相続の割合とは違った割合で指定する方法があります。

いずれの方法を採るにせよ、障害を持っている子に対する遺贈《いぞう》が他の相続人の遺留分を侵害する場合には、遺留分を侵害された側から、侵害された分について「支払ってくれ」という請求《せいきゅう》をされるおそれがあります。

これを防ぐためには、被相続人（今回亡くなった人）が生前に、相続人となる人に対して事情を説明し、納得してもらっておく必要があります。

他の相続人には相続放棄をしてもらえばよいように思われますが、相続の放棄は相続が生じてから（被相続人が亡くなってから）でないとできません。

それならと、遺言に「他の相続人は相続放棄をするように」と書き、遺言を守らせるためのお目付役として遺言執行人を定めておいたとしても、相続放棄を相続人に強制することは遺言をもってしてもできないことです。

被相続人の希望を確実に実現するには、遺留分の権利を持っている他の相続人に、まだ被相続人が生きているうちに**「相続開始前の遺留分放棄」**の手続きをしてもらうことです。「相続の放棄」ではなく「遺留分の放棄」であれば、被相続人の生前にできるのです。

といっても、**遺留分の放棄をするには、家庭裁判所の許可が必要**です。無理強い、不公正があってはならないからですが、「障害者の子どものための遺留分放棄」というような事情があれば、許可は得やすいでしょう。

障害をもつ子への生前贈与（特別受益）は相続時に取り戻されるのか

親が生前、障害を持つ子の治療や特別の教育のため、他の子よりよけいにかけていたお金は、不相当に過大な額でない限り、相続にあたって障害を持つ子の受取り分から差し引くことはできません（差引きの対象となる「特別受益」にはあたらない）。

ただ、その子にだけ住む家が買い与えられていたり、大きな額のお金が贈与されていたりすれば、それは「特別受益」にあたるものとされ、相続にあたっては他の相続人との公平をはかるための差引き計算（**持ち戻し**）をしなければならない場合もあります。ただ、その場合でも、親が遺言など（遺言でなくてもよいのですが、遺言が確実）でそういう差引き計算をしないよう禁ずることは有効なのです。

しかし、その「特別受益」が他の相続人の**遺留分**まで奪っていると、これはかりは相続人の最後の砦、最低限の保障額ですから、遺言によっても侵すことはできません。その侵害額だけは、他の相続人が支払請求をすれば取り戻されてしまいます。それを防ぐには、生前から他の相続人の了解をとりつける手当てが必要です。

CASE 8

親に暴力を振るう子には遺産を渡したくない

●子どものうちで末の息子は素行が悪く、親の私から借金を繰り返し、意に沿わないと暴力を振るってきました。このような息子に遺産を渡すのは不本意です。

解決 ⇒ 末子を相続から廃除する旨を遺言するとよい。

◎相続人の地位を奪う方法がある

遺言を一言でいうと、自分の財産を自分の死後に、どのように分けるかを指図する意思表示です。したがって、遺言の内容は、自分の意思にもとづいて思い通りにすることができます。

息子が道楽息子で、金遣いも荒く、また親に対しても暴力をはたらくというような場合には、遺言によって息子の相続権を剥奪《はくだつ》することもできます。これを「**推定相続人の廃除《はいじょ》**」といいます（「推定相続人」は相続の優先順位がいちばん上の人。このまま被相続人が亡くなって相続が開始したなら相続人になるはずの人ということ）。

この「廃除」は、推定相続人が被相続人を虐待をしたり、重大な侮辱を加えたりしたとき、または推定相続人に著しい非行があったとき、被相続人が家庭裁判所に申し立てて推定相続人の地位を奪うことができる、というものです。

ただ、被相続人の生前にこの申立てをすると、被相続人に対してさらに暴力がエスカレートする心配があります。ほかの推定相続人にもやつ当たりがいくかもしれません。そのことを考慮して、推定相続人の廃除の請求は遺言によってもできるとされています。

なお、遺言によって廃除の申立てをするのなら、**遺言執行者《いごんしっこうしゃ》**が家庭裁判所への申立てを行ないますので、必ず遺言で遺言執行者を定めておきます。

◎廃除が認められるとどうなるか

推定相続人の廃除は、遺留分権を持つ相続人の相続権を奪うことです。

「遺留分権を持つ」とわざわざことわるのは、遺留分権のない相続人であれば、遺言によってその者の相続分をゼロにすると指定しておけば、実質的に相続権を奪うことができるからです。

要するにこれは、被相続人に子も親もなく、将来、兄弟姉妹（遺留分を持たない）が相続人になるであろう場合に、兄弟姉妹が被相続人にひどい仕打ちを続けたらどうすればよいかということです。**兄弟姉妹は廃除することができず、遺言で相続分がゼロになるような指定をしなければなりません。**

廃除の手続きについてですが、推定相続人に、①被相続人を虐待・侮辱した、②著しい非行があったという事由が認められるとき、被相続人は本人自ら、あるいは遺言によって、家庭裁判所に申立てをします。

廃除を認めるかどうかは、家庭裁判所が判断することになっています。家庭裁判所は、被相続人の言い分だけではなく、廃除を申し立てられた当人の言い分も聞いて総合的に結論を下します。

いやしくも相続権を奪うというのは大変なことですから、虐待・侮辱・非行というのは誰が聞いても「それはひどい」と思うほどの程度でなければなりません。たまたまケンカになって悪口をいわれたり、ケガしない程度にたたかれたりしたくらいですぐに認められるわけではない、ということには留意しておきましょう。

廃除が認められると、その推定相続人は相続人の地位を失います。ただし、廃除を受けた推定相続人に子がいれば、その子（廃除されたのが被相続人の子であれば孫）は自分の親に代わって相続することができます（**代襲相続《だいしゅうそうぞく》**）。この子（孫）にも１円も相続させないと思っても、この子自身が遺留分の権利を持ちますから困難です。遺留分額だけは取り戻されることを覚悟で、この子の相続分をゼロとする遺言を書いておくしかありません。

廃除された推定相続人が、深く反省し、本心から生活態度を改めたと認められる場合は、被相続人は廃除の取消しを直接、あるいは遺言によって、家庭裁判所に申し立てることができます。家庭裁判所は審判によって取消しを認める・認めないを判断します。

CASE 9

再婚後の子と前妻の子とで相続争いのないようにしたい

●前妻と死別し、のちに再婚して子をもうけました。前妻との間にも子がいますが、双方の間に交流はなく、お互いに嫌いあっているような印象もあります。私が亡くなって相続となったとき、うまく遺産分けが進むかどうか心配でたまりません。

解決 ⇒ 遺産の種類と値踏みをはっきりさせ、誰がなにを受け取るかをきちんと遺言に書いておく。

◎相続人の関係が複雑な場合

遺言を残そうとする人の願いの一つは、自分の死後に相続人である親子や兄弟が遺産をめぐって争うのを防ぎたいということです。

相続人が妻と子というように単純明快ならいいのですが、妻に先立たれて再婚をし、先妻との間にも子がおり、後妻との間にも子がいる（子ども同士が不仲である）など、家族関係が複雑な場合には、被相続人の死後、相続争いが起こる心配があります。

複雑な家族内の事情についても、また、自分の財産についても、いちばん熟知しているのは被相続人です。相続争いを避けるためには、誰に、何を相続させるかをキチンと決めて、遺言書を残しておくことです。その上で、信頼のおける遺言執行者を定めておけば、争いは避けられるでしょう。

◎相続財産が複雑な場合

相続争いは、主な財産が住んでいる家とわずかばかりの預貯金しかないという中流家庭で起こるケースがと多いと言われています。ある日突然、それなりに大きな額の財産が目の前に転がってくるのですから、相続人がつい自分の権利をがんばって主張したくなるのも無理はありません。そのさいの争いを避けるためにも遺言が必要なのです。

遺言を書くには、自分の財産関係をしっかり把握し、財産目録を作ること

【遺言をせず法定相続となったときの相続分】

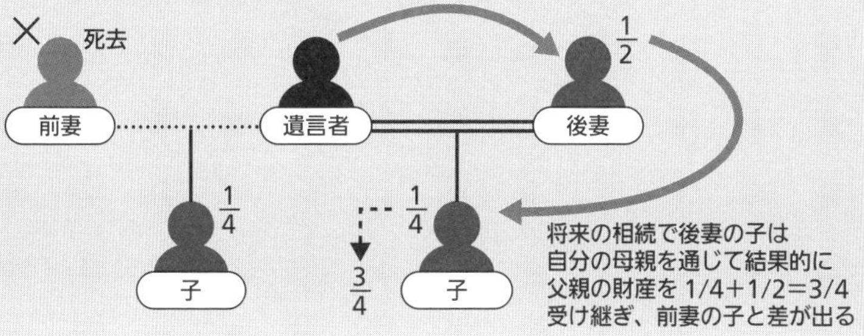

が欠かせません。遺言本体や添付の目録によって、どういうものが遺産としてあるかが明示され、個々の値段もきちんとした根拠にもとづいてある程度正確にわかれば、相続人の間の損した・得したの争いも避けられる可能性が高まります。

全体を見通せるのは、被相続人だけですから、具体的に財産を特定して、誰に、何を遺贈するかを明確にしておかないと（相続分を割合で指定するだけでは不十分)、相続争いの種を残す結果となります。必要に応じて、財産の値段を専門家に鑑定してもらって、その値付けの結果を遺産配分の参考にしなければなりません。値付けの根拠を相続人たちにわかるように示しておくと納得を得やすいはずです。

また、前妻の子と後妻の子とが父である被相続人の死亡時の相続でもめやすいのには、こんな事情もあります。後妻（遺言者の現配偶者《はいぐうしゃ》）は、遺言のない法定相続であれば全遺産の２分の１を相続します。後妻の子は、将来においてはその母親が亡くなったときの相続を経由して、結果的に父親の遺産を２分の１＋４分の１＝４分の３も相続できるのに、前妻の子は父死亡時の相続で遺産の４分の１を得るだけ、ということになるのです。このことに配慮して、被相続人が後妻より先に死んだときの相続では、前妻の子に厚く譲る遺言を書いておく（理由もわかるように書く）という紛争予防策がよくとられています。

複雑になりそうな場合には、専門家である弁護士に相談するなどして、遺産の分け方の指定も**公正証書《こうせいしょうしょ》遺《い》言《ごん》**にしておいた方がよいでしょう。

1 遺言の方式は法律で決まっている

➡形式は自筆証書遺言か公正証書遺言（あるいは秘密証書遺言）

●遺言の方式は大別すると４つがある

遺言は満15歳になれば誰でもできますが（重度の認知症などで判断能力が失われていないことが必要）、民法の967条以下が規定する方式（形式）によらなければ、効力がありません。

遺言の方式は大別すると、普通方式の遺言（①自筆証書、②公正証書、③秘密証書）、④特別方式の遺言の４つの種類があります。

①自筆証書遺言……自筆証書遺言は、遺言者がその全文、日付および氏名を自書し、これに印を押すことで作成します。書き損じの訂正は、その場所を指示し、変更場所に印を押すなどの方式が決められており、この方式どおりに直さないと遺言全部が無効になります（65ページ参照）。なお、平成31年１月から財産目録を添付する場合には、目録については自筆でなくてもいいことになりました。但し、綴り方に決まりがあるので、注意が必要です。

②公正証書遺言……公正証書遺言は公証人に依頼して作成してもらいます。証人２人以上の立会いが必要で、遺言者が遺言の趣旨を口授し、公証人がその内容を筆記してこれを遺言者および証人に読み聞かせます。その後、遺言者および証人が筆記が正確なことを承認して、各自が署名し印を押し、公証人がその証書が民法969条の各号（１号から４号）に掲げる方式に従って作成したものである旨を付記し、これに署名して印を押すと公正証書遺言は完成します。公証人に支払う手数料（201ページ参照）が必要です。

③秘密証書遺言……秘密証書遺言は、はじめから密封した遺言を公証人に提出して自分の遺言だという確認だけを受ける方式の遺言です。

まず、遺言者が遺言を記載した証書に署名をして印を押します。必ずしも本人が自筆で書く必要はなく、タイプライターやパソコンによる記載でもよ

【遺言の方式】

遺言の種類			証人または立会人	書く者	署名押印	日付	備考
普通方式		自筆証書	不要	本人	本人	年月日を書く	秘密は保てるが保管が難しい
普通方式		公正証書	必要 証人２人以上	公証人（口述を筆記する）	本人、証人および公証人	年月日を書く	保管は確実だが秘密の漏れる心配はある。検認は不要
普通方式		秘密証書	公証人１人証人２人に遺言書を提出	誰でもよいが、自筆が望ましい	本人（封書に本人、証人および公証人が署名押捺）	年月日を書く	保管は確実で秘密も保てるが、内容に書き落としがあり得る。家裁の検認が必要
特別方式	危急のとき	一般の場合（臨終のときなど）	３人以上	口述を証人の１人が筆記する	各証人	年月日を書く	遺言の日から20日以内に家庭裁判所の確認を受ける
特別方式	危急のとき	遭難した船の中	２人以上	口述を証人の１人が筆記する	各証人	年月日を書く	遅滞なく家庭裁判所の確認を受ける
特別方式	離れた場所	伝染病のとき	警官１人 証人１人以上	誰でもよい	本人、筆記者、証人	年月日を書く	家庭裁判所の確認は不要
特別方式	離れた場所	船の中	船長または事務員１人と証人２人以上	誰でもよい	本人、筆記者、証人	年月日を書く	家庭裁判所の確認は不要

いと解されています。それからその証書を封じ、証書に用いた印章で封印します（遺言書を封筒に入れて糊付けして閉じ、糊付けした上に印を押す）。それを持って公証役場に行き、公証人および２人以上の証人の前に封書を提出し、自己の遺言書である旨（他の人が書いたときにはその筆者の氏名および住所）を申述します。その後、公証人がその封書が提出された日付および遺言者の申述を封紙（封筒の紙面）に記載した後、遺言者および証人と共にこれに署名します。

なお、公証人に支払う手数料は定額で１万1000円です。

④特別方式の遺言……病気で死亡の危機が迫ったときや遭難などの危急の際には、簡単な方式でする遺言が認められています。これには、⑴死亡の危機が迫った者の遺言、⑵伝染病隔離者の遺言、⑶在船者の遺言、⑷船舶遭難者の遺言があります。

⑴と⑷の方式の遺言は裁判所の確認が必要であり、その特別事情が去ってから６か月のうちに、普通方式の遺言でやり直さなければ効力はなくなります。証人や書く人、署名押印等の要件については上表を参照してください。

2 自筆証書遺言を書くときに守るべきルール

➡全文、日付および氏名を自書し押印する

●自筆証書遺言に関する規定

自筆証書遺言は、その名のとおり、①遺言者がその全文、日付および氏名を自書しなければなりません。押印も必要ですが、認印《みとめいん》でもよく、拇印《ぼいん》（指印）も有効とされています。

以上が民法上の自筆証書遺言に関する規定です。したがって、上記の方式を守りさえすれば、どのような方式で自筆証書遺言をしてもかまいません。

自筆証書遺言の書き方のサンプルについては、18～21ページを参照してください。

●自筆証書遺言の方式に関する注意点

①遺言の全文を自書する

本文は、自書（直筆）しなければなりませんので、①パソコンやワープロ、タイプライターによるもの、②録音テープやビデオ、③口頭で言ったことについては、遺言としての効力はありません。ただし、財産目録については、自筆でなくてもかまいません（各頁に署名押印が必要）。

②日付はいつにするのか

日付は遺言を書いた日、つまり令和○○年○日と記載しますが、令和○○年の誕生日、令和○○年の元旦など、書いた日が特定できればよいとされています。西暦でもかまいません。

③署名はどうするか

自筆でなければなりません。住所氏名が掘られた印などは不可です。通称やペンネーム、雅号、姓名の片方のみの署名は、遺言者が特定できるなら有効と思われますが、トラブルを避けるためには戸籍上のフルネームで記載す

◆自筆証書遺言の方式

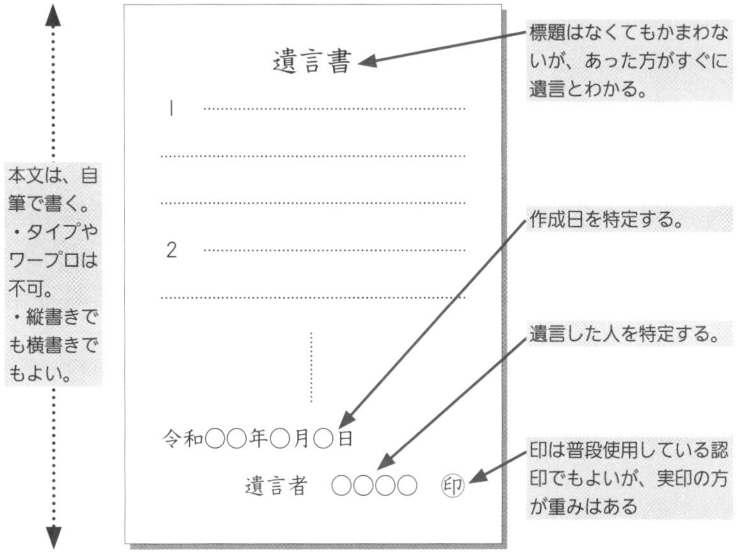

＊必ずしも封筒に入れる必要はないが、封筒に入れて、表面に遺言書と書き、封印しておくと紛失しにくく発見されやすい。ただし、封印（閉じ口に押印したり「〆」「緘」などの文字を記すこと）をすると、開封は家庭裁判所に持ちこんでからしなければならなくなる（糊づけしただけなら、すぐに開封してかまわない）。
＊いずれにせよ公正証書遺言以外の遺言は、発見後に家庭裁判所で検認を受ける必要がある。
＊但し、自筆遺言書を法務局で管理してもらう制度が、令和２年７月から始まっている。この場合は検認が不要となる。

るのがよいでしょう。

④印はどうなっているか

自筆証書に押す印についての法律の規定はありません。印鑑は認印（三文判）でも、拇印（指印）でもよいのですが、実印が好ましいでしょう。

以上が、民法が規定する自筆証書遺言に関する規定です。だだし、これはあくまで、自筆証書遺言の方式面に関するものであり、どんな内容を書いても有効かというとそうではありません。また、この他、自筆証書遺言の作成では用紙や筆記用具などについて注意したいこともありますが、これについては別項（64ページ）を参照してください。

3 遺言は公正証書にしておくと安心

→保管の悩みや偽造などのおそれがない

●公正証書遺言は公証人が作成するので安全

公正証書《こうせいしょうしょ》遺言《いごん》は、公証人が遺言者からの遺言の内容の口述を受け、それを筆記して作成する方式です。

原本が公証役場《こうしょうやくば》に保管されますので、改ざんや偽造等の犯罪行為がなされることはまずありません。ただし、公正証書遺言後に気持ちが変わって遺言の内容の一部変更や全部変更（遺言の撤回）をしたいと思った場合には、新たな遺言を作成しなければなりません。この遺言の撤回は、自筆証書遺言でもできますが、問題を残さないためには、やはり同様の公正証書遺言で行うのがよいでしょう。費用はその分余計にかかります。

●公正証書遺言は公証役場が保管する

公正証書遺言は通常２～３部作成されます。このうち、公証役場に保管されるのが原本で、正本《せいほん》・謄本《とうほん》が遺言者に交付されます。

原本は、公正証書作成のときに遺言者および証人が署名押印したものが原本です。正本は原本とほぼ同じものですが、遺言者・証人の署名・押印が省略されていて、公証人が「これは正本である」と記載し、署名・押印したもので、遺言者が死亡した後の手続きはこの正本によって行います。

謄本は原本を謄写したもの（写し）です。遺言執行者を指定した場合、正本は遺言執行者、謄本は遺言者が保管するのが一般的ですが、遺言執行者を指定しない場合は遺言者が正本を持ち、謄本を作成してもらう必要はありません。なお、正本や謄本が紛失した場合には、再交付をしてもらえます。

公証役場での原本の保管期間は、20年間という規定があります（公証人法施行規則27条１項）。ただし、保管期間が満了した後でも、特別の事由により保存の必要がある場合は、その事由のある間は保存しなければならないという規定があります（同規則同条３項）。

公正証書遺言は、遺言者の死亡まで保管しておく必要がある文書ですが、具体的な保存期間は、結局は公証人の判断となりますので、とくに若い人が遺言する場合には事前に公証人と相談してください。なお、公正証書遺言は、自筆証書遺言では必要な家庭裁判所での検認《けんにん》の手続きが不要です。

●公正証書遺言があることを伝えておく

公正証書遺言をしたことは、相続人となる人には伝えておく方がよいでしょう。公証役場の方から遺言書があることの通知はしてくれないからです。

遺言の存在や場所を誰にも知らせておかず、正本・謄本も見つからない場合、「遺言はない」とされかねませんが、相続人が公正証書遺言があるかないかの確認は**公正証書遺言検索システム**でできます。これは、本人の死亡後は、どこの公証役場でもできますので、最寄りの公証役場で確認してください。

◆こんな人も公正証書遺言が利用できる

●出張による公正証書遺言の作成もある

遺言者が高齢で体力が弱り、また病気等で公証役場へ行くことができない場合には、公証人が遺言者の自宅や病院・老人ホーム等に出張して遺言書を作成してくれます。ただし、公証役場へ行って公正証書遺言を作成する場合に比べると1.5倍の費用がかかり、公証人の日当、現地までの交通費を負担しなければなりません（201ページ参照）。

●口がきけない人や耳が聞こえない人も公正証書遺言ができる

公正証書遺言の作成は、以前は遺言者が口頭で遺言内容について公証人に意思を伝えなければならないとされていましたが、平成12年１月からは口がきけない人や耳が聞こえない人も公正証書遺言をすることができるように法改正がなされました。口がきけない人、耳が聞こえない人は自書（筆談）をすることにより、病気等で自書もできない人は通訳人の通訳を通じて遺言内容を伝える（申述《しんじゅつ》する）ことができます。脳梗《のうこう》塞《そく》で口がきけない人、高齢で耳が不自由な人などに利用されています。

4 公正証書遺言を作る手続きの実際は

→遺言する内容を公証人が文章にする

●遺言内容は本人が考える

公正証書遺言は、公証人に作成してもらいますが、正確に言うと、①遺言者が公証人の面前で遺言の内容を口授《くじゅ》し（遺言の下書きやメモ等により伝える場合も含む)、②それにもとづいて公証人が遺言者の真意を正確に文章にまとめ、公正証書遺言として作成する、というものです。

この過程において、公証人は遺言者の悩みに親身になって相談を受け、必要な助言をしたりして､遺言者に最善の遺言書を作成してくれます。しかし、たとえば妻が心配で、少しでも多く遺産を残したいという場合、全財産を相続させるのか、全財産の３分の２を相続させるかなどは、公証人が決めることではなく、遺言者本人が決めなければならないのです。その意味では、公証人は遺言のアドバイザー兼代筆人といえるのかもしれません。

●公正証書遺言の作成方法

公正証書遺言の作成方法を順を追って解説すると以下のようになります。

公証役場によって要求される資料や手続きが若干異なることがあります。

①遺言者の資産を誰に相続させるか､遺言執行者を頼むかどうかなど決める。

②それぞれの資産について、特定するための資料を用意する。

例：不動産……登記簿謄本（登記事項証明書）→地番・家屋番号など

預金……銀行通帳→銀行・支店名・口座番号

遺産を渡す推定相続人（相続人になる人）がどうなっているのかがわかる戸籍謄本を用意するとよいでしょう。推定相続人や受遺者《じゅいしゃ》（遺言により贈与を受ける人）の正確な住所も確認しておきます。

③本書にある遺言文例などを参考にして、遺言の下書き（あるいはメモ）を

書く。書き上げた下書きは弁護士などに見てもらうのもよいでしょう。

④証人２人を決めて、証人となってくれるよう依頼する（見つからなければ公証役場で相談すると、頼める人を斡旋《あっせん》してくれるところもあります）。この証人には資格制限があり、未成年者、推定相続人（遺言者が死亡した場合に相続人となることが予定されている人）はなることはできません。

⑤公証役場（公証役場はどこでもよい）へ公正証書遺言を作りたい旨の連絡をする。できれば、直接行って、公正証書遺言の作成予定日時、持参する書類の確認、作成手数料の概算などを教えてもらう。

⑥公証役場に持参する書類を準備する。遺言者本人は印鑑証明書（３か月以内に交付されたもの）と実印を用意。証人には免許証などの身分を証明するものと印鑑（認印でもよい）を持参するように頼みます。公証人に本番の作成日の前に遺言の下書きを見てもらう場合もあります。

⑦予定日時に証人２人とともに公証役場に行く。

⑧公証人の前で遺言の内容（原案）を述べ、必要書類を渡す。

⑨公証人が作成した原本の記載内容を確認し、遺言者と各証人が署名押印。

⑩公正証書遺言の正本と謄本（必要な場合）を受け取り、費用を支払う。

⑪公証役場で遺言書を作成したことを身内の誰かに伝えておくとよい。遺言執行者を指定した場合には、遺言を実行するために必要な公正証書遺言の正本（本人は謄本を保管）を渡しておくのもよいでしょう。

◆公正証書遺言を作成するために準備する書類

①遺言者の印鑑登録証明書（公証役場へ行くときは実印を持参）

②遺言者と相続人との関係（続柄《つづきがら》）がわかる戸籍謄本（全部事項証明書）

③財産を相続人以外の人に遺贈する場合は、その人の住民票

④資産の中に不動産がある場合は、その登記事項証明書（登記簿謄本）と固定資産評価証明書または固定資産税・都市計画税納税通知書中の課税明細書（公証人に支払う手数料算定の根拠となる）。

⑤証人２人の予定者の氏名・住所・生年月日および職業についてのメモ。なお、証人は公証役場に行く際には免許証等の身分を証明するもの、および印鑑（認印でよい）が必要。

5 遺言の内容はどのようにすればよいか

→遺産の分け方や遺族へのメッセージを的確に書く

●遺言の内容と効力

遺言に関する民法の規定の中には、書く内容（文章）についての規定はありません。したがって、なにを書いても自由ですが、そのことが、遺言としての効力があるかどうかは別問題です。遺言として効力があるのは遺産の分割に関すること、相続人に関することなど、下記の12項目です。ただし、その内容が法令に違反する内容だと、無効となる場合があります。

●効力のある遺言の内容

⑴法定相続分とは違う割合の相続分にする遺言（民法902条、相続分の指定）…第三者に委託することも可。なお、遺《い》留分《りゅうぶん》を侵害する内容でも　無効とはならず、侵害された相続人は侵害額《しんがいがく》支《し》払請求《はらいせいきゅう》ができるとされている。

⑵財産の全部または一部を遺贈する遺言（同964条、包括遺贈・特定遺贈）…特定遺贈では、遺産が特定されず、どの遺産かわからないと無効。遺留分侵害については⑴に同じ。負担つき遺贈（財産を受け取るなら一定の義務も負うことになる遺贈）もできる。

⑶特別受益者の持戻しを免除する遺言（民法903条３項）…特定の相続人への生前贈与があり、被相続人が遺言で持戻しの免除もしたために他の相続人の遺留分侵害となれば、侵害された相続人は侵害額支払請求ができる。

⑷遺産分割の方法を指定し、又は指定を第三者に委託し（民法908条前段）、一定期間、遺産分割を禁止する遺言（民法908条後段）…遺産分割の禁止は相続開始のときから５年を超えない期間。ただし、通常、相続人全員の合意があれば遺産分割できるとされている。

⑸推定相続人の廃除または廃除を取り消す遺言（893条）…遺言執行者によ

って家庭裁判所への廃除（相続権の取上げ）の請求が必要。遺言で遺言執行者を指定しておく必要がある（指定がないときは家庭裁判所が選任）。

⑹**共同相続人間における担保責任を指定する遺言（914条）**…遺産分割によってある相続人が取得した財産に瑕疵《かし》（欠陥）がある場合は、他の相続人は売主と同じ担保責任を負うが、この担保責任は遺言によって変更することができる。遺留分が害される場合には侵害額支払請求の問題が生じる。

⑺**遺言執行者を指定および指定の委託をした遺言（同1006条）**…未成年者および破産者を遺言執行者とすれば無効。遺言執行者は複数も可。

⑻**相続人以外の者への遺贈、寄付をする遺言（同964条）**…相続人の遺留分を侵害すれば、侵害された相続人は侵害額支払請求ができる。

⑼**遺贈による遺留分の侵害で民法の減殺割合とは異なる意思表示をする遺言（同1047条）**…複数の遺贈が他の相続人の遺留分を侵害する場合は、遺贈物の価格に比例して減殺されるが、遺言者が別段の意思表示をしたときは、その意思に従う。

⑽**認知（死後認知）をする遺言（民法781条２項）**…戸籍法により市区町村役場へ遺言執行者が届け出る。認知された子は非嫡出子《ひちゃくしゅつし》の身分を得る。

⑾**未成年後見人、後見監督人の指定をする遺言（839条１項、848条）**…未成年者、破産者、被後見人に対して訴訟をした者などは、後見（監督）人にはなれない。

⑿**信託の設定をする遺言（信託法３条２号）**…遺言により信託の設定ができる。①公益的な目的のために財産の一部を活用したい場合（目的信託）、②遺言者の死後、遺族などへ給付を行うことを内容とするものなどで、遺言に一定の事項を記載しておく。詳細は信託銀行などで相談のこと。

◆遺言による家族へのメッセージの取り扱い

遺言書の冒頭に「家族仲良く暮らすように…」などの一節があったとします。この一節の内容は、財産の処分等に関することではありませんので、法律的な効果はありませんが、こういう記載をしたからといって遺言自体が無効となるものではありません。

また、家族への書置きのつもりで書いたのに、財産の相続に関する記載があり、遺言の方式としても要件（全文自筆で日付・署名があり印も押してある）を満たしていれば自筆証書遺言として有効になります。

6 遺産分けの指定のしかたは

➡ケースに応じて割合あるいは財産ごとに指定する

●法定相続とどう違う相続をさせたいか

法定相続分どおりでよければ、わざわざ遺言を残す必要はありません。遺言を書く前に、自分の“思い”（遺言を書く理由）が法定相続とどう違うかを知る必要があります。

●遺言により法定相続とは異なる相続・贈与ができる

①認知など相続人に関する遺言

遺言をすれば、婚外子《こんがいし》（婚姻関係のない男女間の子）の**認知《にんち》**（**死後認知**）や**推定相続人の廃除《はいじょ》**ができます。認知された子は非嫡出子《ひちゃくしゅつし》としての身分を取得して相続人となり、嫡出子《ちゃくしゅつし》（正式な婚姻関係のある夫婦の子）と同等の法定相続分があることになります。

推定相続人の廃除は、相続人でないようにすることです。これは、遺言者が生前にも家庭裁判所に申し立ててできます。遺言者に対する虐待・重大な侮辱、著しい非行がある場合です。遺言による廃除もこの要件が必要で、**遺言執行者**（遺言で必ず指定する）が家庭裁判所に申し立てます。そこまでしなくても、という場合には、相続分を少なく指定するという方法もあります。なお、廃除された相続人に子がいる場合、その子が**代襲相続《だいしゅうそうぞく》**をします。

②相続人以外の者（第三者）に受遺者に贈与（遺贈）したいときの遺言

内縁の妻や、老後の面倒を見てくれた長男の妻などには、法律上の相続権はありません。財産をこうした人に渡したいのであれば、遺言で財産を贈与（**遺贈《いぞう》**）することができます。ただし、その遺贈が他の相続人の**遺留分《いりゅうぶん》**を侵害する場合、その相続人には**侵害額支払請求権《しんがいがくしはらいせいきゅうけん》**がありますので、争いを避けるためには遺留分の範囲にとどめるのがよいでしょう（29ページ参照）。なお、財産を寄付する場合も同様のことがいえます。

③法定相続分を変える遺言

法定相続では、誰が相続人になるかによって、相続分（全相続財産に対する受取り分の割合）が決まっています。この割合を遺言によって変えることができます。

たとえば、妻と子の相続では、法定相続分は妻が２分の１、子が２分の１（子が数人いるときは子の分を均等に分ける）ですが、妻にできるだけ多く遺産を相続させたいときには､妻の相続分を多くすればよいことになります。「全遺産を相続させる」ような指定もできますが、子の側にも遺留分（相続人全員での遺留分２分の１×子の側の法定相続分２分の１＝４分の１）がありますから、その侵害額の支払請求の問題は残ります。

④特定の遺産の帰属を指定する遺言

遺言により個々の遺産の帰属を指定することができます（**特定遺贈**）。事業を一緒にやっている子にせめて事業に関する一切の財産だけは相続させたい、あるいは妻が住むところがなくならないように、いま住んでいる住宅だけは相続させたい、などの切実な思いがある場合に、それを実現させる指定を遺言によってするとよいでしょう。

遺言書には「○○に財産の○○を相続させる」と遺産を特定して明記しておきます。遺言のない法定相続では、具体的な遺産分割は相続人の協議により決まりますので､遺言がないと思いどおりに相続させることはできません。

◆夫婦の間に子がいないケース、相続人がいないケース

夫婦の間に子がいないケースでは、財産は親（いなければ兄弟姉妹）と配偶者（妻）が相続することになり、いっそう妻に全遺産を相続させたいと思う人が多いでしょう。

相続人がいないケースで、遺言がないとなると、特別縁故者（35ページ参照）がいればその者に遺産は承継され、特別縁故者もいなければ国庫に帰属することになります。それなら世話になった人への遺贈や、団体等への寄付をしたいと思う人もいるかもしれません。

こうした遺贈や寄付についても遺言をしておくとよいでしょう。

相続人の遺留分と最低受け取れる額(割合)①

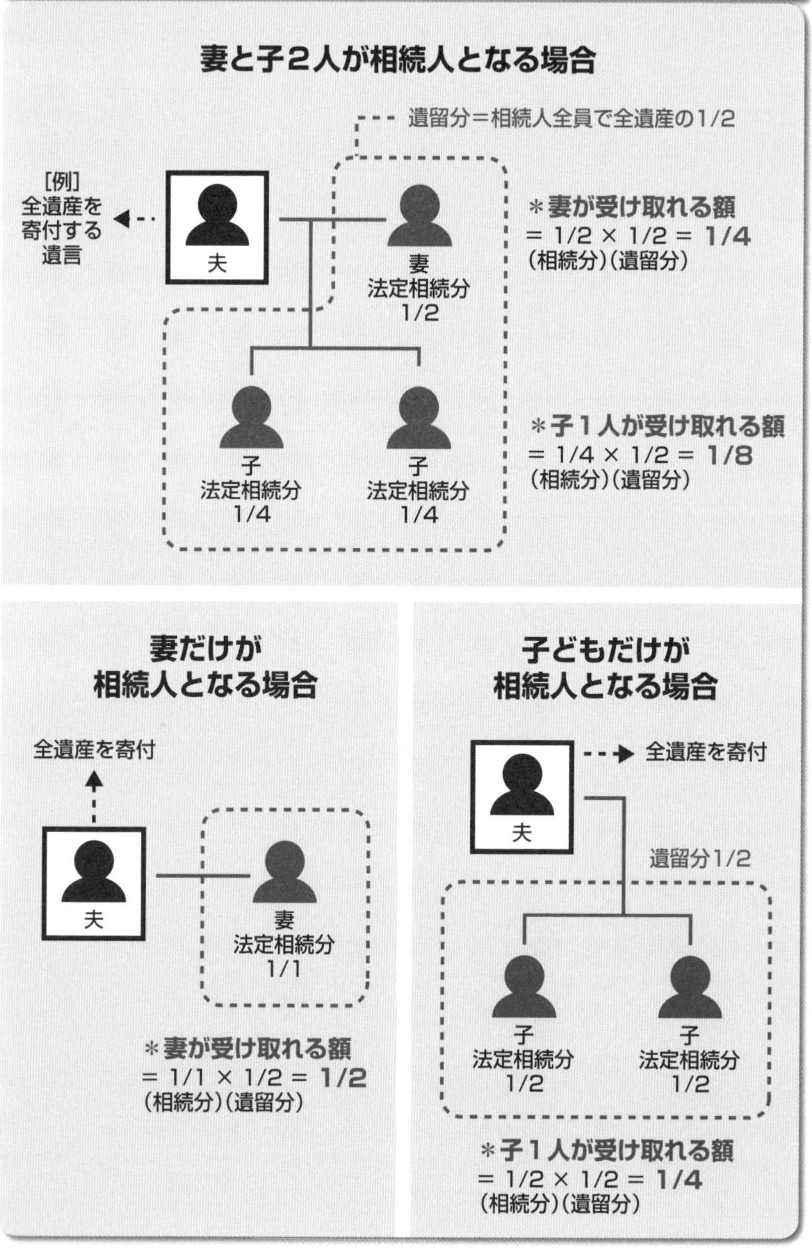

相続人の遺留分と最低受け取れる額（割合）②

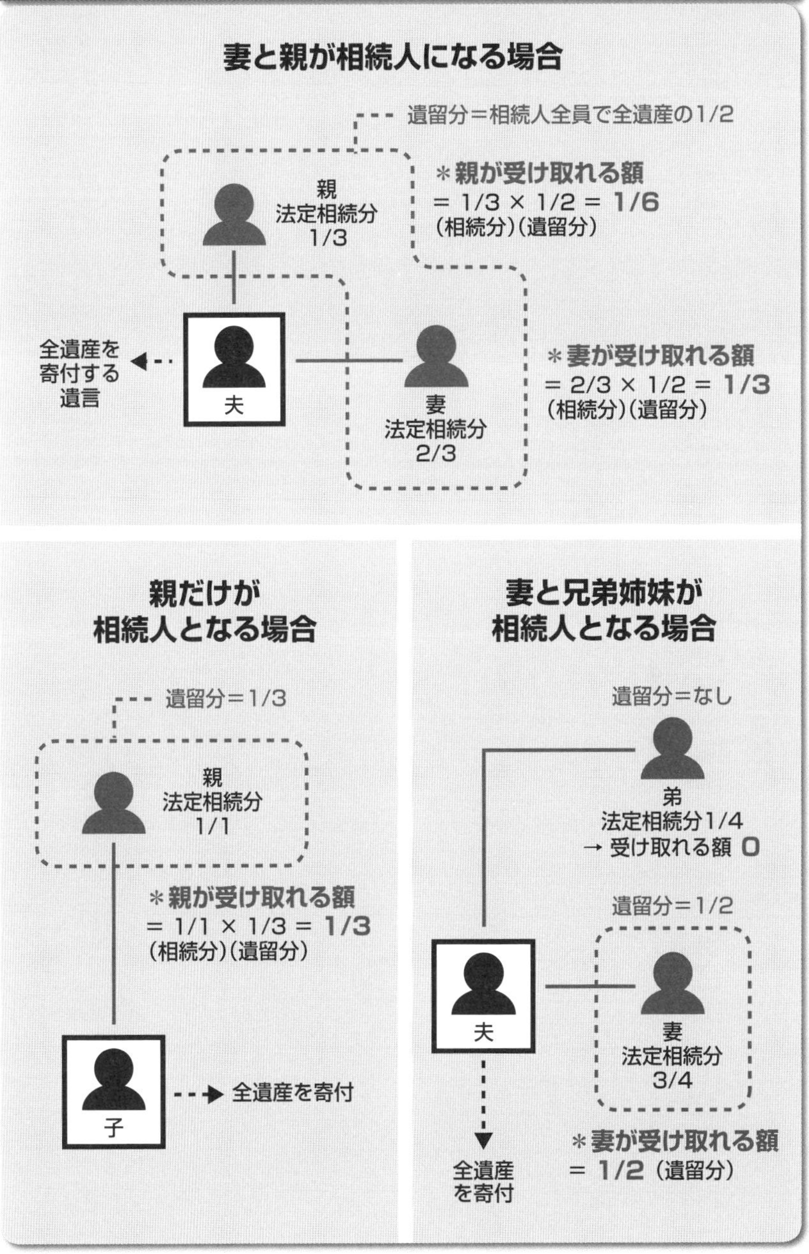

7 遺言の書き方や道具で気をつけるべきことは

➡遺言だからといって特別の決まりはない

●自筆証書遺言で用意する用紙と筆記用具

遺言書は一定の方式で作成しなければ無効となりますが、方式以外にも作成に当たって注意するべきことがあります。

たとえば、使用する用紙や用具について制限する規定は、法律上はありません。しかし、大切な遺言であるからにはベターなものの選択はあります。

①用紙

用紙は、紙の大きさや資質に制限はなく、なんでもよいとされています。ただし、遺言書は長い間保管されるものであり、その年月に耐える物を選ぶことです。また、大きすぎる用紙だったり、逆に小さすぎる用紙だったりすると、書くのにも、見るのにも不便をします。通常のＡ４判、あるいはＢ６判の大きさの上質の用紙（文房具店などで確認）を利用するのがよいでしょう。便せんやノートに書いてもかまいませんが、遺言であることをはっきり表記しておかないと、発見されない恐れもあります。巻紙を使用することも可能ですが、書くときや保存に際して苦労することになります。

②筆記用具

筆記用具については法律上の制限はなく、毛筆、万年筆、ボールペンなどが考えられますが、鉛筆でもかまいません。色についても、例えば赤色はダメだという規定はありませんが、黒色で書くのが無難でしょう。

●筆記上で注意することは

用字・用語の制限について法定されているものはありません。もちろん判読できる必要はあります。抽象的な表現でなく、具体的に簡潔に表現します。

また、横書きでも縦書きでもよく、「です。ます。」調でも「である。」調

◆遺言の正しい訂正（加除変更）のしかた

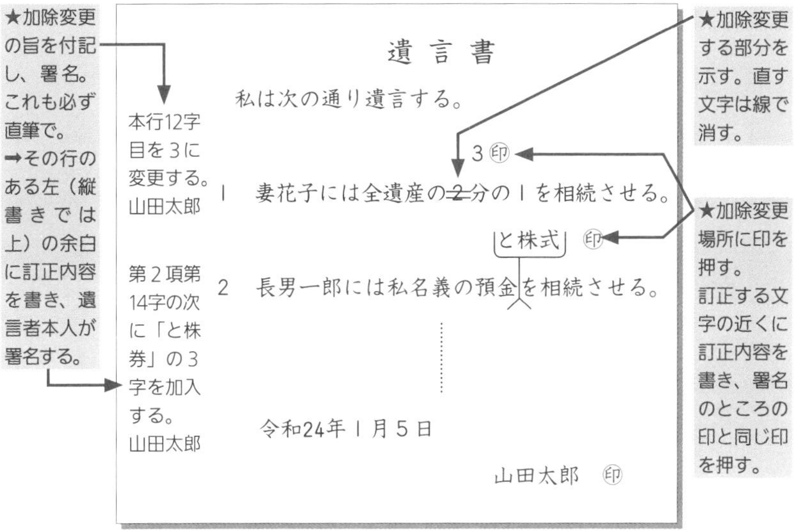

でもかまいません。

冒頭に書く「遺言書」という標題についても規定はありません。標題を入れるかどうか、入れるとしたらどういう用語にするかも自由ですが、端的に、冒頭に「遺言書」と書くのがよいでしょう。発見した者がすぐに遺言書とわかるからです。封書に入れる場合にも、表面に「遺言書」と書いて、遺言書に使用した印と同じもので封印しておくとよいでしょう。また、自筆証書遺言は、発見した人が家庭裁判所に**検認**《けんにん》の申立てをする必要があることから、表に「家庭裁判所で検認をうけること」という旨の記載をしておくのもよいでしょう（封印されたものを勝手に開封すると５万円以下の過料）。

遺言書が数枚（葉）になったときには、通常の契約書と同じく、前の紙と後の紙との間に契印（割印）を押します。契印は遺言書に押印に用いたものを使用します。もっとも、法律上、契印をしてければならないという規定はなく、最高裁判所判例は、「全体的に一通の遺言書であることが外形的に確認できれば契印がなくても有効」としています（昭和36年６月22日）。

なお、誤字・脱字などの訂正がある場合は、一定の方式により訂正しなければなりません（上図参照）。

8 遺言書の作成で遺産の記載はどうすればよいか

➡特定遺贈などでは、どの遺産かわかるようにする

●遺産の特定

遺産の目録を作成するときや遺言で特定物を遺贈する場合には、その遺産を特定する（「あの遺産」だとわかるようにする）ことが大切です。特定遺贈（割合ではなく個別に「この物品は誰に遺贈する」と指定する方式）では、どの遺産かがはっきりわかるように遺言に書かれていないと、その条項の効力が発生しないことにもなって問題となるからです。

不動産といっても、遺産の中にいくつもある場合があります。銀行預金なども同様です。特定のしかたは以下のとおりです。

①**不動産**……不動産は、登記簿謄本を見て地番や家屋番号を記載
②**銀行預金**……銀行預金は、預金の種類、銀行名、支店、口座番号を記載
③**その他**

⑴株式については、何会社の株式か、同じ株式でも相続人のうちの数人に相続させるきとには何株かも明記

⑵貸金などの債権については、債務者（借主）の氏名と金額も明記

⑶動産は、家財道具や車、貴金属、骨董品などにつき、価値の高いものについては個別に特定して分配を指示。価値の低いものについては「その他一切の財産」などとまとめて、相続人の代表者に処分を一任

古いタンスのような家財道具には財産的価値はほとんどないことから、「その他の一切の財産」とひとくくりにして、個別には記載しないことも多いようです。そうして遺族の代表者に処分を一任したり、適当にみんなで形見分けをするように書き置いたりします。

もっとも、特定の家財道具について受け取る相続人を指定することも自由です。

遺言者所有の車は、一台であれば「車」と書くだけで誰もがわかりますが、数台ある場合はどの車を誰に相続させるか明確にする必要があります。車種やプレートのナンバーで特定しておくとよいでしょう。

貴金属や骨董品についても、誰が見ても「あの商品」だとわかるように特定します。その他の動産についても同様です。

●遺産を特定するということ

誰かに相続させる財産を特定することで、あとあと問題を生ずることもあります。たとえば、妻に自宅を残す旨の遺言をしても、まだ遺言者が生きているうちに何らかの事情で自宅を売却することもあります。この場合は、該当する遺産はなくなるのですから、妻はその自宅を相続することができなくなります。もっとも、遺言が「妻に自宅を相続させる」のみの内容であれば、遺言を書き換えなくても、他の財産から妻は法定相続分を相続できます。

また、妻に自宅という特定財産に加えて、残りの財産についての法定相続分も相続させたいという場合もあります。こうした場合は、妻に自宅の相続に加えて、その余の財産を法定相続分に応じて相続させる旨の遺言をしておくとよいでしょう。(平成31年7月から婚姻20年以上の夫婦について、この扱いが原則となりました)

◆形見分けの品の扱いは

形見分けをする品は、個人が生前に身につけていたり愛用していたものが多いようです。形見分けといっても、中には値打ちのある物もあり、また、複数の人がほしがっていた物もあるでしょう。財産的価値があるものは、通常、分割協議の対象（相続人全員一致が協議の成立条件）となります。その協議にかけず、簡易な形見分けとして分けさせるには、遺言書に、これらの品は形見分けするようにと明記しておくのがよいでしょう。

美術品や骨董品の中には、遺言者も知らない値打ちのものがあります。事前に鑑定などにより価値を評価してもらっておくとよいでしょう。そして、その物を特定の人に受け取らせたいなら、遺贈（特定遺贈）する旨を記載しておくのです。

9 遺産の値踏み（評価）はどうすればよいか

➡相続人どうしで納得できるなら大まかな評価でよい

●遺産を評価する意義

遺言を作成する場合に、自分の財産を評価することは必ずしも意味があることではありません。自分の思い通りに財産を相続させることが本来の意義であり、そのためには金銭的な価値よりも、その財産が家族に対してもっている意味や必要性の方が重要なことも多いからです（たとえば老妻が住んでいる自宅、家業を続けるための事業資産など）。

ただし、①生前贈与（大きな額なら**特別受益**《とくべつじゅえき》となる）を含めて相続人に渡る遺産額を遺言によって公平にしたい、②遺言による受取り額が**遺留分**《いりゅうぶん》を侵害するのではないか心配、③税金対策をしたい、④公正証書遺言を作成したい（公証人の手数料の計算で必要）などのときには、遺産の評価が必要です。

●遺産の評価のしかた

遺産の評価は、遺言者が遺言をする時点でしか評価をすることができません。遺言者が死亡し、遺言が実行されるそのときの評価額がどうなるかは誰にもわからないからです。特に不動産や株式の評価は遺言から数年もたてば、どうなるかわからないのが現状です。このことを、まず理解して、以下の評価のしかたを参考にしてください。

①**不動産**……近隣の売買価格などで算出する方法もあるが、いちばん簡単なのは固定資産税の評価額による方法。不動産鑑定士に頼む方法もある。

②**現金・預貯金**……その金額が評価額。評価というより調べることになる。

③**株式**……上場株式であれば遺言時の株価で計算する。非上場会社の計算は難しく、税理士などの専門家に相談するしかない。

なお、相続財産の相続税法上の評価は次ページの表を参照してください。

◆相続財産の税務上の評価

宅　地	・利用の単位となっている１区画の宅地ごとに、次の種類に応じて評価する。 ①**市街地の宅地**⇨宅地の面する路線ごとにつけられた路線価（１㎡あたり価格）に面積をかけて評価する（路線価方式）。 ②**路線価のない宅地**⇨固定資産税評価額に国税局長が一定の地域ごとに定める倍率をかけて評価する（倍率方式）。 ③**相続開始前３年以内に取得された居住用以外の土地**⇨取得価額で評価する（借地権・家屋も同じ）。 ※路線価・倍率は税務署の窓口で教えてくれる。国税庁のホームページにも表示してある
家　屋	・１棟の家屋ごとに、その固定資産税評価額（役所の固定資産課税台帳を閲覧）により評価する。 ・課税時期に建築中の家屋は、それまでに投下した費用の額を課税時期の価額に引き直した額の７割に相当する金額で評価する。
借地権	・その敷地を自らの宅地としたときの評価額に国税局長が定めた一定の借地権割合をかけて評価する。 ・具体的な割合は税務署に備えつけられている路線価図をみるとわかる。 ・借地権の割合は３割から９割まで７段階の幅がある。
借家権	・家屋の価額に国税局長が定めた一定の借家権割合をかけて評価する。 ・借家権の割合は、税務署の窓口でわかるが、ほとんどの地域は３割である。 ・ただし、借家権の取引慣行のない地域は評価しないことになっている。
農　地	・耕作の単位となっている１枚の農地ごとに次の種類に応じて評価する。 ①**純農地・中間農地**⇨固定資産税評価額に一定の倍率をかけて評価する。 ②**市街地農地**⇨宅地であるとした場合の価格から造成費として国税局長が定める金額を控除した金額で評価する。 ③**市街周辺農地**⇨市街地農地の８割に相当する金額で評価することになっている。 ④**生産緑地**⇨上記により評価した価額から、買取り申し出ができる日までの残存期間により10%～35%を控除。
上場株式	・株式が上場されている証券取引所が公表する、被相続人が死亡した日の終値、又は相続開始日の月中、その前月中、その前々月中の終値の平均株価のうち、一番安い価額で評価する。
取引相場 の ない株式	・その株式の発行会社を大会社・中会社・小会社に区分して、類似業種比準方式、純資産価額方式、配当還元方式で評価する。 ・同族株主の取得した場合と非同族株主の取得した場合でも取扱いが異なるので、専門家に相談するのがよい。
公社債	・以下の区分によって評価する。 ①割引発行ものは発行価額と買った日から相続開始日までの期間の割引料の額との合計額。 ・上場されているなど公表された価額のあるもので、相続開始日の公表価額が上の額より少ない場合はその価額。 ②利付きのものは発行価額と前回の利子支払日の翌日から相続開始日までの期間の利子の額との合計額。
家庭用 財　産	・原則として、評価しようとする物と同種、同規格のもので、同程度に損耗したものを買う場合の価額（調達価額）による。 ・上記の調達価額がわからないものは、相続開始時の小売価格から経過年数に応じた減価償却費相当額を控除した額でもよい。
預貯金	・預金の価額は、相続開始日現在の預金残高とその日までの経過利子の金額との合計額による。 ・定期預金以外の預貯金の経過利子は、計算したその金額が少ない場合に限り合計しなくてもよい。
書　画 骨とう	・売買実例価額、精通者意見評価額などを参考に評価する。 ・販売業者が有するものは、たな卸商品の評価による。
貸付金	・元本と相続開始日までの経過利子との合計額による。 ・回収不能額があるときは、その金額を元本に含めない。
受取手形	①支払期限の到来しているもの、および課税時期から６か月以内に期日の到来するものは記載金額による。 ②上記以外のものは、課税時期に銀行などで割引した場合に回収できる金額とする。

※上記は税務上の一般的な評価方法で、遺産分割ではこの他に各種の方法がある。

10 遺言の内容を確実に実行するには遺言執行者をつけるとよい

➡遺言執行者は遺言で指定できる

●遺言の執行の手続きは家庭裁判所の検認手続きで始まる

遺言の執行は、遺言の内容のとおりの相続をさせるための手続きです。

まず、自筆証書遺言の場合、遺言執行の前手続きとして**遺言書の検認《けんにん》**があります（民法1004条）。これは、「遺言書の保管者または遺言書を発見した相続人は、遺言者の死亡後遅滞なく、その遺言書を家庭裁判所に提出して検認を受けなければならない」という制度で、家庭裁判所が遺言書の形式・態様などを調査・確認して、偽造・変造を防止し、その後の保存を確実にするためになされるものです。したがって、遺言内容の真否や遺言書の有効・無効を判定するものではありません。こうした趣旨のために、**公正証書遺言については検認の手続きは不要**です。また、法務局での保管制度を利用した場合も検認は不要です。

その後、遺言の内容を実現することが必要となりますが、この実現のためには手続きが必要なものとそうでないものとがあります。

たとえば、相続分の指定や後見人の指定、遺産分割の方法などが書かれてあったとしても、なんら法的な手続きは必要ありませんが、認知《にんち》では役所への届出、相続人の廃除では家庭裁判所への申請が必要となります。

●遺言執行者とは

遺言執行者《いごんしっこうしゃ》は、遺言を執行する者としてとくに指定・選任された者をいいます。遺言で指定でき、また、その指定を第三者に委任することもできます。遺言執行者の指定がない場合、あるいは指定された者が辞退、死亡しているときには、利害関係人が家庭裁判所に請求して遺言執行者が選任されます。

遺言執行者は数人でもよいことになっていますが、制限能力者はなること

◆遺言執行者

〔遺言執行者の仕事〕財産目録の調製・管理、その他遺言の執行に必要な一切の行為をします。ただし遺言の内容が相続財産のうちの特定の財産に関する場合には、その財産についてのみに制限されます。
〔解任〕遺言執行者が就任すると、正当な事由がなければ解任できません。ただし、任務懈怠《けたい》などの事由があれば、利害関係人は家庭裁判所に請求して許可を得て解任することができます。
〔報酬〕遺言で報酬を定めればその報酬により、特に定めがなければ家庭家庭裁判所が定める。したがって、遺言を書く前に、遺言執行者になってもらう人と相談して報酬について話し合っておくのがよいでしょう。

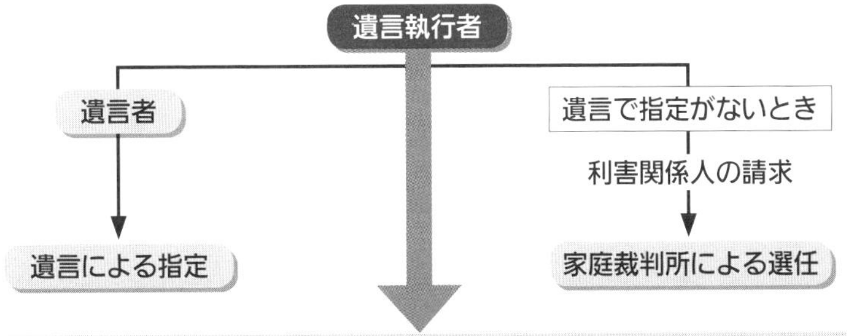

職　務

・財産目録の作成・相続財産の管理、その他の遺言執行に必要な一切の行為。ただし遺言が特定財産についてのみの場合は、その財産についてのみ

＊法律で遺言執行者による手続きが必要な場合があります。子の認知や相続人廃除・その取消しの遺言がある場合です。

ができません。また、承諾により就任しますので、辞退することもでき、承諾するかどうか不明なときには、相続人または利害関係人が相当の期間を定めて催告し、その期間に回答がなければ承諾したものとみなされます。

通常、遺言者が遺言で遺言執行者を指定する場合には、生前にあらかじめ頼んで了解してもらっておくようです。また、弁護士など法律の専門家に遺言執行者を依頼することもよくあることです。この場合には、専門家の側に規定の報酬額がありますので、よく聞いて了解しておかなければなりません。

11 祭祀承継者を遺言で指定したいときどうするか

➡被相続人が生前あるいは遺言で指定。費用や労力への負担も配慮したい

●祭祀承継者とは

祭祀財産《さいしざいさん》には、系図《けいず》（系譜《けいふ》）や位牌《いはい》・仏壇《ぶつだん》、墓地・墓石などがあり、こうした祭祀財産は相続財産とは区別して、祖先の祭祀を主宰する者（**祭祀主宰《さいししゅさい》者《しゃ》**）だけが承継することにしています。この者を**祭祀承継者《さいししょうけいしゃ》**といいます。

では、誰が祭祀承継者になるかというと、第1に、被相続人（亡くなって相続をさせる人）の指定（口頭でも書面でもよい）によって決まります。第2に、被相続人の指定がない場合はその地方の慣習によることになり、第3に、慣習も明確でない場合は、家庭裁判所が決めることになります。

遺言による祭祀承継者の指定は，上記の第一の場合にあたり、指定された者が祭祀承継者となります。ただし、祭祀承継者は一人で、必ずしも相続人でなくてもよいとされています。また、祭祀承継者に指定された者は拒むことはできないとされています。

●祭祀財産の承継と相続財産の相続との関係は

祭祀財産は相続財産とは異なり遺産分割の対象ではありませんので、相続においては、祭祀財産を承継したからといって相続分を減らされたり、逆に多く相続するということもありません。また、祭祀承継者として、戸籍などへの登記の制度もありません。被相続人の死亡後、決まらない（決めない）ままになっているケースも多くあります。

家督相続（戸主となる者だけが一切を相続）とは違い、今日は均分相続の時代ですから、祭祀承継は昔の家の跡取りとは違い、誰が仏壇やお墓を守り、法事などを主宰するかの意味合いしかありません。したがって、祭祀承継をした者が、祭祀財産やお墓の管理をしなくても、誰も文句は言えないのです。

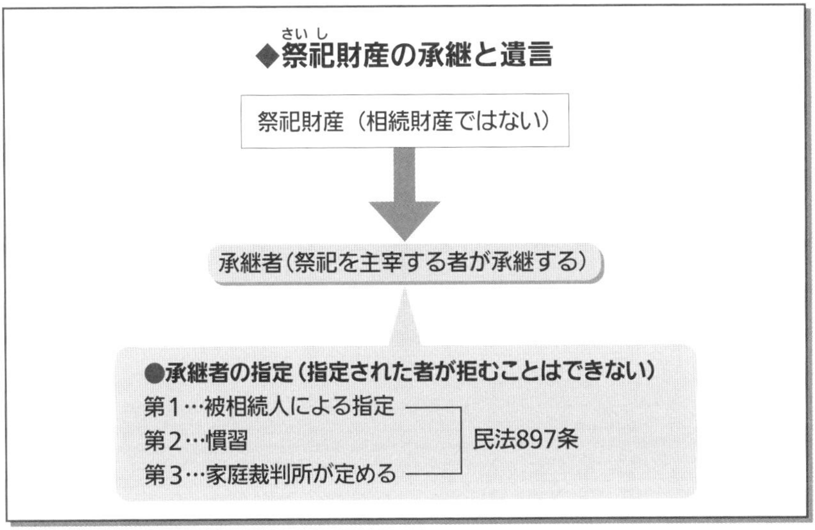

これは、祭祀承継者の道義上の問題でしかないからです。

●祭祀承継者の指定と配慮

祭祀承継者の指定では、お墓の管理や法事などの行事を誰がよくやってくれるかという視点で祭祀承継者を選ぶのも一つの方法でしょう。

また、今後の祭祀主宰について任せることになるのですから、祭祀にかかる費用は、祭祀承継者が負担することになります。そこで、祭祀を承継させる側とすれば、その者に多く財産を残したいと考えるのが普通でしょう。こうした場合には、**遺言者が祭祀承継者を遺言で指定するとともに、承継者に特別に多くの財産を相続させ、あるいは遺贈したり生前贈与をしたりしておくことも自由です。**

なお、家督相続の時代と同じように長男を祭祀承継者に指定し、加えて全財産も相続させる旨の遺言をすることもできますが、他の相続人から**遺留分《いりゅうぶん》侵害額《しんがいがく》の支払請求**がなされ、トラブルとなることが考えられます。

こうした場合は、そうする理由を遺言書に記載し、他の相続人に遺留分を主張しないように指示しておくとよいでしょう（ただし、その指示に法的拘束力はありません）。

12 遺言の保管のしかたはどうすればよいか

→確実なのは公正証書遺言にすること

●遺言の内容を確実に実行してもらいたい

遺言には、①自筆証書遺言、②公正証書遺言、③秘密証書遺言、④特別方式の遺言があることは50ページで述べましたが、それぞれ遺言書を保管する方法が異なります。

①の自筆証書遺言は遺言者本人が作成し、遺言者等が保管する。

②の公正証書遺言は公証人が作成し、原本が公証役場に保管され、正本（および謄本）が交付されるので、これを遺言者等が保管する。

③の秘密証書遺言は、公証人等が封書に署名押印した遺言の現物を遺言者等が持ち帰って保管する。

④の特別方式の遺言は、遺言者あるいは立ち会った証人、利害関係人などが保管するが、遺言の日から20日以内に家庭裁判所に請求をして遺言者の真意によることの確認をえなければ効力を生じない。

●遺言書の保管の注意点…法務局での保管制度が開始

遺言書の保管が大事なのは、遺言書が破棄されたり、偽造・変造されないためです。しかし、誰もが予想できないところにしまっておくと、遺言者の死亡後に発見されないという危険もあります。遺言書を作成した場合、遺言をしたことだけは、相続人等に伝えておくのがよいでしょう。

遺言書の保管の方法としては、

①遺言で遺言執行者を指定した場合には、その人に保管も委託しておく

②貸金庫に保管する

③法務局での保管制度を利用する（→次ページ参照）

などの方法もあります。

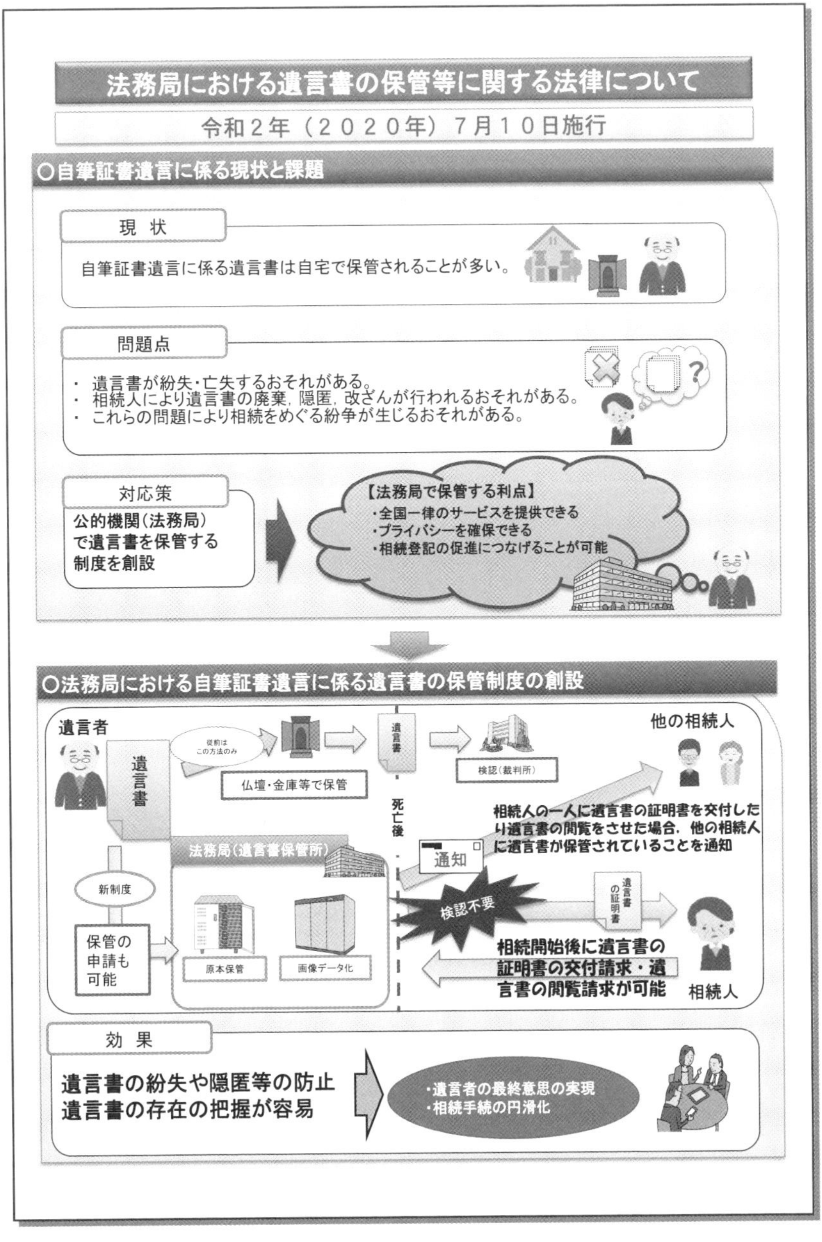
法務局における遺言書の保管等に関する法律について
令和２年（２０２０年）７月１０日施行
○自筆証書遺言に係る現状と課題
現　状
自筆証書遺言に係る遺言書は自宅で保管されることが多い。
問題点
・遺言書が紛失・亡失するおそれがある。
・相続人により遺言書の廃棄，隠匿，改ざんが行われるおそれがある。
・これらの問題により相続をめぐる紛争が生じるおそれがある。
対応策
公的機関（法務局）で遺言書を保管する制度を創設
【法務局で保管する利点】
・全国一律のサービスを提供できる
・プライバシーを確保できる
・相続登記の促進につなげることが可能
○法務局における自筆証書遺言に係る遺言書の保管制度の創設
遺言者
遺言書
従前はこの方法のみ
仏壇・金庫等で保管
遺言書
検認（裁判所）
他の相続人
死亡後
相続人の一人に遺言書の証明書を交付したり遺言書の閲覧をさせた場合，他の相続人に遺言書が保管されていることを通知
通知
法務局（遺言書保管所）
新制度
保管の申請も可能
原本保管
画像データ化
検認不要
遺言書の証明書
相続開始後に遺言書の証明書の交付請求・遺言書の閲覧請求が可能
相続人
効　果
遺言書の紛失や隠匿等の防止
遺言書の存在の把握が容易
・遺言者の最終意思の実現
・相続手続の円滑化

13 遺言を撤回したり一部を修正するにはどうすればよいか

➡いくつかの方法があるが新たな遺言をすればよい

●遺言の撤回

遺言の撤回《てっかい》とは、一度、適正な方法により作成した遺言の全部または一部を後に取り下げることをいいます。撤回の方法には、以下のものがあります。

⑴遺言者が遺言書を破棄（ただし、公正証書遺言の場合には、遺言の原本が公証役場にあるので、この方法では撤回したことにはならない）。なお、最高裁判所は、遺言書全体にペンで斜線を引いたケースで破棄に該当するとしています（平成27年11月20日）

⑵前の遺言書を撤回する旨の遺言書を作成する

⑶前の遺言書の内容の一部と抵触する（異なる）内容の新たな遺言書を作成する。後の遺言の内容が有効で、前の遺言の抵触する部分は撤回されたことになる。

⑷遺言の内容と抵触する行為を遺言者が生前にする（例：遺言に自宅を長男に相続させると記したが、その後、遺言者がその自宅を売却するなど）

●遺言の無効と取消し

「無効」は、行為の最初から効力がない場合のことをいいます。遺言の場合、遺言能力のない者（重度の認知症で判断能力がないなど）のした遺言、法定の方式によらない遺言（自筆証書遺言をワープロで書くなど）、公序良俗《こうじょりょうぞく》に反する遺言、錯誤《さくご》（重要事項のかん違い）に基づく遺言は無効です。

また、だまされてした遺言（詐欺）、強迫による遺言は、民法の一般原則に従い、取り消すことができます。

取消しは撤回（取下げ）と違い、取消権者がその行為を取り消すことにより無効（行為のときに遡《さかのぼ》る）となります。

●自筆証書遺言の記載内容の変更

自筆証書中の加除その他の変更は，遺言者が、その場所を指示し、これに変更した旨を付記して特にこれに署名し、かつ、その変更の場所に印を押さなければなりません。(65ページ参照)

いつまで変更できるか、どの程度の変更ができるかについては規定がありませんが､トラブルを避けるためには新たに遺言を書いた方がよいでしょう。遺言がトラブルとなるケースには以下のものなどがあります。

◆遺言がトラブルとなるケース

トラブルの内容	判断と解決
●遺言が方式に違反（自筆証書なのにワープロ書き、日付がないなど）	遺言は無効となる。ただし、遺産の受取人が内容に同意していれば、死因贈与契約（死後に発効する生前の贈与契約）として有効とされる場合もある。
●字が乱れ読めない	原則として無効。解読できれば有効な場合もある。
●遺言が書ける状態ではなかったはず	遺言時の遺言能力（事理弁識能力）が問題となる（成年被後見人については遺言について一定の方式がある）
●きっと○○が無理に書かせた遺言だ	遺言を無効にするには、証拠が必要。本人が自分の意思で書いたなら問題ない。詐欺や強迫によるものは取消しができる（相続人が遺言者の取消権を相続して行使）。
●言っていたことと遺言内容が違う	遺言が法律が定める方式で遺言者の自由意思により書かれているなら有効。否定するには証拠が必要。
●あるはずの遺言書がない	遺言書を徹底的に探すこと。なければ法定相続となる。誰かが破棄したとわかれば責任を追及できる。
●複数の遺言書が出てきた	日付の新しい遺言が有効。前後で内容が抵触する部分は、前の遺言が取り消されたことになる。
●遺留分を侵害する内容の遺言	遺留分を侵害された相続人が侵害額の支払請求をできるだけとするのが通説。請求がなければそのままで有効。
●遺言で知らない者を認知している	その者も実子として相続人になる。認めたくなければ争うことができる（親子関係不存在の申立て）。
●夫婦共同の遺言	その遺言は無効（共同遺言の禁止）

【遺留分と寄与分の計算例】 ※基礎となる遺産額を3000万円として計算

❶ 子３人が相続人の場合の遺留分

それぞれの遺留分　3000万円×$\frac{1}{2}$×$\frac{1}{3}$＝500万円

子全員での遺留分

3人いるので1人あたりは3で割る

❷ 配偶者と子３人が相続人の場合の遺留分

子（全員）の法定相続分

子のそれぞれの遺留分　3000万円×$\frac{1}{2}$×$\frac{1}{2}$×$\frac{1}{3}$＝250万円

配偶者と子全員での遺留分

3人いるので1人あたりは3で割る

配偶者の遺留分　3000万円×$\frac{1}{2}$×$\frac{1}{2}$＝750万円

配偶者と子全員での遺留分

配偶者の法定相続分

❸ 配偶者と兄弟姉妹が相続人の場合の遺留分

兄弟姉妹には遺留分はないので　0

配偶者の遺留分　3000万円×$\frac{1}{2}$＝1500万円

配偶者の遺留分

（配偶者のみが相続人の場合も同じ）

◉配偶者と子３人が相続人で、子の１人に４割の寄与分を指定した場合

（寄与分の認定以外は法定相続の割合で分けるものとする）

3人いるので3で割る

寄与のない子の相続分　（3000万円－1200万円）×$\frac{1}{2}$×$\frac{1}{3}$＝300万円

4割の寄与分額

子（全員）の法定相続分

寄与のある子の相続分　300万円＋1200万円＝1500万円

上で出した300万円に寄与分額1200万円を加算

配偶者の相続分　（3000万円－1200万円）×$\frac{1}{2}$＝900万円

配偶者の法定相続分

＊上の❷で計算したように、この例でも配偶者の遺留分は750万円、子１人の遺留分は250万円です（寄与分のあるなしは遺留分の額に影響しないのです）。そうすると、子の１人に４割の寄与分を認めても他の相続人の遺留分は侵害していません。仮に寄与分を６割＝1800万円とすれば遺留分を侵害することになりますが、相続人らが遺産分割協議で特定の相続人の寄与分を定めた場合は、その寄与分の認定が遺留分に優先し、他の相続人は寄与分をもらった相続人に対して遺留分の減殺請求はできない（他の相続人が自分の遺留分を放棄したのと同じこと）とされるのが通例です。これに対し、遺言による寄与分の指定の場合、その指定が他の相続人の遺留分を侵害するほど大きなものであれば、特定の相続人への特別受益とみなされ、遺留分減殺の対象とされる場合もあります。

第２部

自分の“思い”をかなえるための遺言の書き方

◆思いどおりに遺産を渡すにはテクニックが必要

- 残される妻（夫）が幸せに暮らしていけるようにする遺言の書き方
- 残される家族が遺産分けで争わないようにする遺言の書き方
- 事業を跡継ぎの子に無事に継がせるための遺言の書き方
- 相続人以外の人にも遺産を与えたいときの遺言の書き方
- 一人で亡くなる場合にあとの手続きをきちんとしたいときの遺言の書き方
- 財産以外のことについての思いを記す遺言の書き方
- 相続税対策としての遺言の書き方

◆思い通りに遺産を渡すにはテクニックが必要

◎遺言に、どんな“思い”をこめるか

遺言を書く動機（思い）には、さまざまなものがあります。ある人は、相続争いが起きそうなので、それを避けるために誰が何を受け取るかを遺言で指示しておきます。また、ある人は、認知《にんち》（婚外子を自分の子と認め実子としての保護を与えること）をしていない愛人の子がいるから、遺言で認知し相続もさせるようにします。それぞれの家庭には、こうしたさまざまな事情があり、遺言をしようとする動機（理由）も誰にでもあると思われます。

遺言をしたいと思う動機で多いのは、以下のとおりです。

①残される妻あるいは夫（配偶者）の暮らしが心配
②子同士が不仲で相続が心配。とくに再婚をして先妻の子と後妻の子がいる
③事実婚（内縁）の妻がいる（事実婚では夫婦間で相続権がない）
④婚外子がいる（内縁でできた子や愛人の子…認知しないと相続権がない）
⑤子の一人に高額の生前贈与をしたので、他の子と相続でもめる心配がある
⑥世話になった息子の嫁（など相続人以外の者）にも財産を分けてやりたい
⑦個人の事業（農業も含む）を特定の子のみに承継させたい
⑧子がいない（親も没後なら疎遠でも兄弟が相続人）、または相続人が不在

こうしたケースを含めて、この第２部では遺言の書き方について解説しますが、遺言をしない場合には法定相続となります。

◎自分の“思い”を遺言として形にする

遺言は、相続などについて法的効果を発生させるものですから、法定効力が発生する内容でなければなりません。

たとえば、前記の①について言えば、「相続争いをせず、子どもどうし仲良くしなさい」という遺言をしても、法律上の効力はありません。これを法律上有効にするためには、遺言者の死後に争いとならないよう、法律上効果のある具体的な内容にしておかなければなりません。

自宅をめぐって争いとなるようなら、特定の相続人に自宅を相続させる旨の遺言をするのもよいでしょうし、生前に贈与したお金が特別受益として問

◆遺言についての考え方

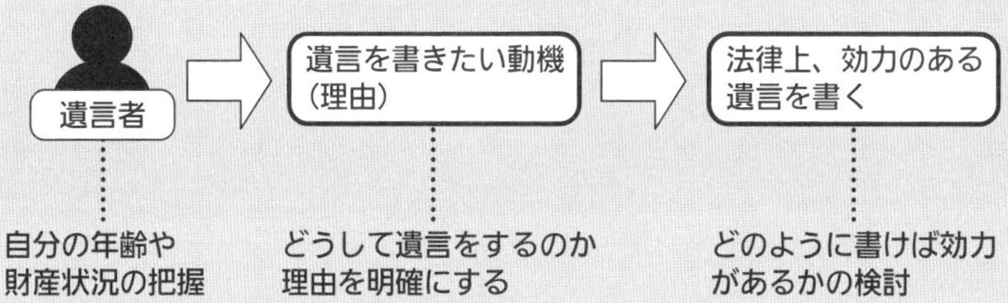

題となるようなら、公平な相続となるように遺言をしておくとよいでしょう。

遺言をする場合には、実は、そういった「何のために」遺言するのかを自分自身がよく考え、了解するプロセスが大事なのです。

◎子などの相続人から遺言を書いてくれと言われたら

遺言を書く、書かないは、まったく本人の自由です。しかし、遺言をしてほしいと相続人の側で思うことがもっともな場合もあります。家業を子の一人が継ぐ場合などでは、遺言によってほかの子らの納得を得られるような指示や手当てをしてほしいと求めるのは後継者として当然です。こうした場合、後継者のいうままに遺言するのではなく、どのような遺言をすればよいかを冷静に考え、自分なりの工夫をした遺言をするようにつとめましょう。

◆遺言は人生最後の仕事

遺言には、その人の人生観が現れます。愛妻家は、できるだけ多くの財産を妻に残したいと思うでしょうし、事業家は事業を継いで発展させてくれる人に事業関連の財産を残す手配をすることでしょう。こう考えると、遺言は人生最後の仕事とも言えそうです。もっとも、若い人でも万一の場合を考えて遺言をする慎重派はいるでしょうが…。

★残される妻(夫)が幸せに暮らしていけるようにする遺言の書き方

1　妻に遺産のすべてを渡したい

◎妻だけにすべての財産を相続させたい理由とは

夫婦の多くは、夫が死亡すれば妻はこれからどう生活するか困ってしまいます。遺族年金などはあっても、それだけでは十分とはいえないからです。

子がいれば扶養《ふよう》を求めることができますが、核家族化が進んだ現在、面倒をみてくれるとは限りません。頼りになるのは、まずもって夫の遺産です。

妻の法定相続分は、妻と子が相続する場合には夫の遺産の２分の１ですが、それだけでは生活できるかどうか心配な場合もあります。

そんな心配が夫にあるなら、遺言により妻に全遺産を相続させたり、法定相続分より多い割合の相続分を指定して相続させることができます。

また、自宅が相続により分割されて、妻が家を出なければならなくなる事態を避けるために、妻に自宅をまるごと相続させる内容の遺言や、妻が死亡するまでは遺産分割を禁止する遺言を書く方法も考えられます。

◎妻だけにすべての財産を相続させるという遺言

自分の死後の妻の生活について心配なら、妻だけに「すべての財産を相続させる」という遺言をするべきです。

遺言がなければ、法定相続となり、妻の相続分は、⑴被相続人の子がいる場合には相続財産の２分の１（子の相続分は、子が死亡していても孫がいれば代襲相続）、⑵子がおらず、被相続人に直系尊属（被相続人の父母など）がいる場合には妻の相続分は３分の２、⑶子も直系尊属もいなければ被相続人の兄弟姉妹が相続人となり、妻の相続分は４分の３となります。

◆法律効果が発生する遺言の内容

遺言がないとき ⇒ 法定相続	遺言があるとき ⇒ 遺言相続
①被相続人の妻と子が相続 相続分…妻 1/2（遺留分1/4） 子1/2（遺留分1/4） ②被相続人の妻と親が相続 相続分…妻 2/3（遺留分1/3） 親1/3（遺留分1/6） ③被相続人の妻と兄弟姉妹が相続 相続分…妻3/4（遺留分1/2） 兄弟姉妹1/4(遺留分なし)	原則として、遺言により指定されたとおりの相続となる。 ただし、自分の遺留分を侵害された相続人は、侵害額の支払請求ができる。 〔例〕相続人が妻と子の場合、子の遺留分は相続財産の1/4。妻への全額遺贈で子はこの割合をまるごと侵害されているので、遺産の1/4は取り戻せる。

◎「妻にすべての財産を相続させる」と他の相続人の遺留分を侵害

妻に全財産を相続させるという内容の遺言は、他の相続人の遺留分を侵害することになります。遺留分は、法定相続人がこれだけは最低限相続できると保障されている遺産の割合のことです（上表参照）。

しかし、遺留分に反する内容だからといって、遺言そのものが無効になるものではありません。遺留分を侵害された相続人は侵害している者(相続人・受遺者《じゅいしゃ》）に対して支払請求《しはらいせいきゅう》をし、遺留分に満ちるまで取り戻せるだけです。

◆遺留分をめぐるトラブルの防止

「妻に全遺産を相続させる」内容の遺言をする場合、死亡後のトラブルを避けるためには、あらかじめ妻以外の相続人にも了解してもらっておくことです。妻と子の仲が悪かったり、先妻と後妻の子がいる場合などは別として、妻に相続させた財産はいずれ妻（＝子の母）が死亡すれば子が相続できるのですから説得しやすいはずです。遺言に「遺留分の支払請求をしないよう願う」といった付言を記載する方法もあります。

1 子がいない(兄弟姉妹がいる)場合に全遺産を妻に相続させる遺言書

この遺言を書く目的

山田太郎さんは、妻(配偶者)と2人暮らしです。子はいません。太郎の両親は他界していますが、兄弟が存命中で、このままでは妻のほかに兄弟も相続人となります。

そこで、太郎は、財産の全額を妻の春子に相続させる遺言を書きたいと思っています。

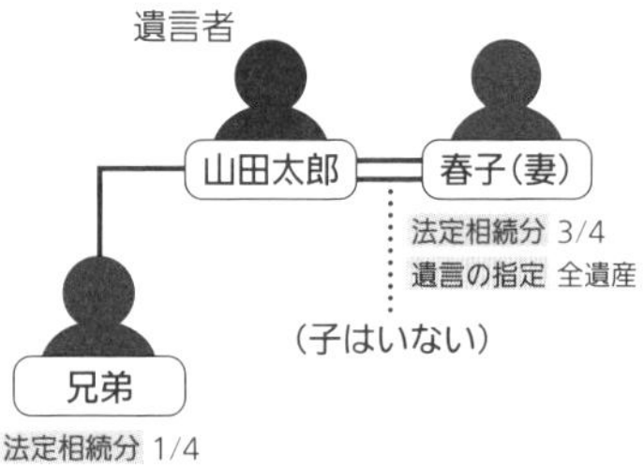

書き方のポイント

本例は、自分(夫)の死後に妻に全財産を残すときの最も簡単な文例です。

1 遺言書中の「全遺産」は、相続人も知らない遺産があることが考えられますので、別途、財産目録を作成しておくとよいでしょう。主要な物のみ遺言書に記載しておき、残りは「その他一切の財産」と表記する方法もあります。

2 遺言書中に「相続させる」とありますが、「遺贈《いぞう》する」という表記の方法もあります。違いについては次の〈アドバイス〉を参照して下さい。

3 自筆証書遺言の場合、全文を自筆で書き、日付と署名を入れ、印を押します。印は実印が好ましいのですが、認印(三文判)でもかまいません。

アドバイス

「相続させる」と「遺贈する」の違いはというと、「相続させる」は、特段の事情のない限りは相続開始と同時に所有権は指定された相続人に移転する、という意味です。これに対して「遺贈する」は、遺言によって贈与するという意味で、一方的な贈与の約束です。

こうしたことから、法的効果にも違いがあり、「相続させる」の場合は、改正により、法定相続分を超える部分については登記等の対抗要件を備えなければ第三者に対抗することができなくなりました(899条の2)。一方「遺贈する」と記載すると、受遺者《じゅいしゃ》(遺贈を受けた人)は単独では登記できず、他の相続人の協力(印鑑証明書の添付など)が必要です。また、農地の相続では、「遺贈する」とした場合、受遺者が農業従事者でな

〔1〕妻に遺産のすべてを渡したい

> **遺　言　書**
>
> 私は、次のとおり遺言する。
>
> 私の全遺産を妻の花子に相続させる。
>
> 令和〇〇年〇月〇日
>
> 遺言者　　山田太郎　㊞

書き方のポイント

1

2

3

◆法定相続分（遺言がなければ①→②→③の優先順で相続）と遺留分

相続人	相続分	遺留分	備　考
①妻と子（死亡していれば孫）	妻…1/2 子…1/2	妻…1/4 子…1/4	子が複数なら均等割り。妻が故人なら子が全遺産を相続
②妻と親（直系尊属）	妻…2/3 親…1/3	妻…1/3 親…1/6	親2人存命なら均等割り。妻が故人なら親が全遺産を相続
③妻と兄弟姉妹	妻…3/4 兄弟姉妹…1/4	妻…1/2 兄弟姉妹…なし	※本遺言の事例は、これに該当する

いときは農地法による転用の許可が必要ですが（ただし「相続人以外への特定遺贈」でなければ、農地法の許可は不要）、「相続させる」では不要です。登録免許税は相続人への遺贈の場合1000分の４、相続人以外への遺贈の場合は1000分の20になります。

なお、上記の遺言例は、妻に全遺産を相続させるというもので、他の相続人の遺留分《いりゅうぶん》を侵害する場合があります。ただし、遺留分を侵害しても遺言は無効とならず、遺留分を侵害された相続人が侵害額の支払いを請求できるだけです。本例の場合、兄弟姉妹には遺留分はありませんので、遺留分侵害の問題は生じません。遺留分を侵害するケースの場合、相続人を納得させるように理由を書いておくのもよいでしょう。

〈こんな点にも注意を…〉

妻へ全遺産を譲りたい例としては、①遺言者の死後、妻の生活費が心配、②財産の形成に寄与した場合など妻への感謝、③子がいない場合などが考えられます。また、確実に遺言が実行されるかどうかが心配なら、遺言執行者を指定して遺言を預けておく、あるいは遺言の保管場所を伝えておくなどの対応をしておきましょう。

2 他に相続人がいても自宅はまるごと妻に渡す遺言書

この遺言を書く目的

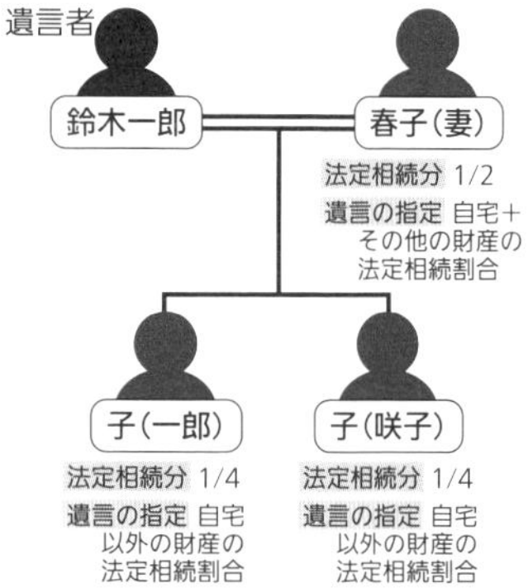

鈴木一郎さんは、妻との２人暮らしです。子の２人は独立して、自宅を持っています。

そこで、一郎さんは、現在居住している自宅は妻に相続させたいと考え、その旨の遺言をしたいと思っているのです。

書き方のポイント

妻１人に自宅をまるごと相続させ、その余の財産は妻も含めた相続人が法定相続分に応じて分割するように指定した遺言書です。

1 妻に自宅を相続させる遺言書の場合、条項１の部分のみでも自宅をまるごと妻１人に相続させるという願いはかなえることができます。ただし、自宅の価額がほかの遺産額にくらべてはるかに大きく、子どもたちがその遺留分《いりゅうぶん》を満たすだけの遺産額を受け取れなくなる場合には、子どもたちから妻（子どもたちの母）への遺留分侵害額《いりゅうぶんしんがいがく》請求《せいきゅう》を封じる配慮が必要になります（次ページの「付言事項」を参照)。

2 相続させる自宅を特定します。所有する家が一軒だけであれば「自宅」とだけ書いてもわからないわけではありませんが、念のため、登記事項証明書（登記簿謄本）を見て地番や家屋番号を書いておくと間違いがなくなります。

3 条項２の部分が書いてないと、妻は１の条項によって自宅は相続できますが、残りの遺産をどう分けるのかがこの遺言からはわからないことになります。自宅だけで法定相続分は超えているので、ほかの遺産は相続できないとされる可能性もありますので、自宅以外の財産も相続させたいのであれば、条項２の記載を入れておきます。

アドバイス

① 自宅の権利関係について、まず調べてください。夫と妻の共有になっていたり、同居の長男との共有になっていることもあるからです。

② 妻に自宅を相続させる場合に問題となるのは、妻以外の相続人の遺留分を侵害しないかということです。妻と子が相続する場合の子の遺留分は、全遺産の４分の１（子

書き方のポイント

遺　言　書

私は、次のとおり遺言する。

1　私の遺産のうち、次に掲げる自宅の土地および家屋については、妻の春子に相続させる。 ← 1

東京都○○区一丁目2番3号　宅地134㎡

上記同所在　家屋番号○○番　木造瓦葺2階建居宅　1階82㎡ ← 2

2階60㎡

2　その他の財産については、妻春子、長男一郎、長女咲子に法定相続分に従って相続させる。 ← 3

令和○○年○月○日

遺言者　　鈴木一郎　㊞

全体の数字。子が複数ならさらに頭割り）です。遺留分を侵害する遺言でも無効となることはありませんが、トラブルとなることが心配なら、事前に子どもたちの承諾を得ておくか、遺言書に下記のような付言をしておくとよいでしょう。

（付言事項）

私の死後、妻春子には現在の自宅に住み続けてほしいので、自宅は妻春子に相続させることにした。一郎、咲子はそれぞれ自宅を持って生活しているので、私の意をくみとり、遺留分の減殺請求をしないようにお願いする。

なお、生前に自宅の全部あるいは一部を贈与しておくという方法もあります。この場合は、税金についての対策が必要です。

〈配偶者居住権に注目〉

令和2年4月から、配偶者には、居住していた建物に居住する権利が認められました（民法1028条以下)。これによって、不本意に家を出ることになるケースを避けることができるようになりました。

★残される妻(夫)が幸せに暮らしていけるようにする遺言の書き方

2 自分が死亡したあとの妻の暮らしを支える手配をしてやりたい

◎妻への配慮を遺言に記す

自分が死んだあとの妻の生活が心配な場合、①生前贈与をする、②妻を受取人とした生命保険に加入しておく、③遺言を書く、などの方法があります。

③の遺言を書く方法には、（1）直接、妻に財産を多く残す方法と、（2）間接的に妻のことを他の相続人等に頼む方法とがあります。

まず、具体的に妻のなにが心配なのかを考えてください。夫（自分）の死亡後、一人暮らしになった妻に自宅だけは確保してあげたいというのであれば、自宅をまるごと妻に相続させることです（別項86ページ参照）。

生活費のことが心配なのであれば、預貯金を中心とした遺産を妻に相続させるのがよいでしょう。老後の生活でいくら必要かは簡単にはわかりませんので、全遺産を妻に相続させる方法（84ページ参照）もあります。

妻のことを他の相続人等に頼む遺言をする場合には、通常、遺言でその者への相続分を多くするなどの配慮をすることになります。たとえば、妻（子からすれば母）の面倒をみることを条件に、同居の長男に多く相続させるなどの方法（**負担つき遺《い》贈《ぞう》**）があります。

◎遺言者の死亡後、妻の暮らしを支える遺言をする

たとえば、同居する長男に「お母さんのことを頼む」とだけ遺言しても、法律上の効力は得られません。

法律上の効力がある遺言にするためには、面倒をみる側の長男に法定相続分よりも多くの財産を相続させるなどの財産処分を指示し、そのメリットを受ける条件として「お母さんの面倒をみること」という具体的な負担（条件）を記すのです。

◆負担つき遺贈

遺贈（遺言による贈与）には「包括遺贈」と「特定遺贈」とがある。「包括遺贈」は遺贈する遺産を「受け取る割合」で指定するもの。特定遺贈は具体的に特定された財産（自宅、金銭○○円など）の遺贈である。

思いをかなえるための遺言にとって重要なのは「単純遺贈」と「負担つき遺贈」の区別。「単純遺贈」は単にあげるだけの遺贈。「負担つき遺贈」は、「1000万円あげるから、そのうちの500万円でペットの面倒をみてくれ」などという「負担（条件）」つきの遺贈である。

＊負担つき遺贈をする遺言の文例

「長男一郎に自宅を相続させる。そのかわり、長男一郎は
わが妻愛子の面倒をみること」

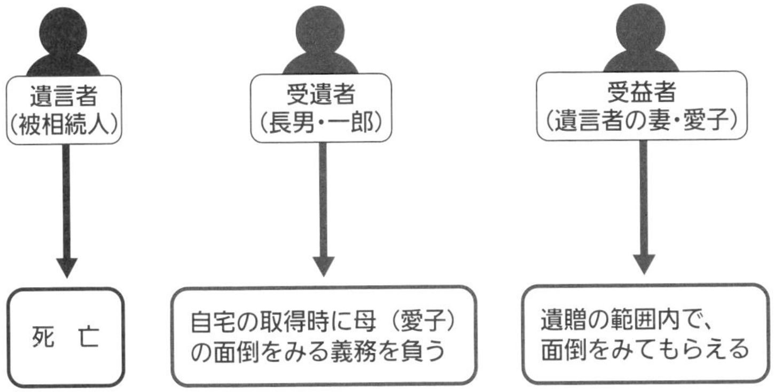

※受遺者が負担を履行しないときは、他の相続人は、相当の期間を定めて履行の催告をし、それでも履行しない場合には、その負担つき遺贈の遺言の取消しを家庭裁判所に請求することができる。遺言執行者も同じ。

※受遺者が相続を放棄した場合には、受益者が受遺者に変わって受遺者の地位を占める（本例では妻愛子が自宅を取得する）と解されている。

なお、法定相続分よりも多くの財産を受け取らせる財産処分の方法としては、相続分の割合を多く指定する場合（**包括《ほうかつ》遺贈《いぞう》**）と、自宅などの特定の財産を相続させる（あるいは遺贈する）場合（**特定《とくてい》遺贈《いぞう》**）とがあります。

1 残される妻のため、同居する長男に他の兄弟よりも多く相続させる遺言書

この遺言を書く目的

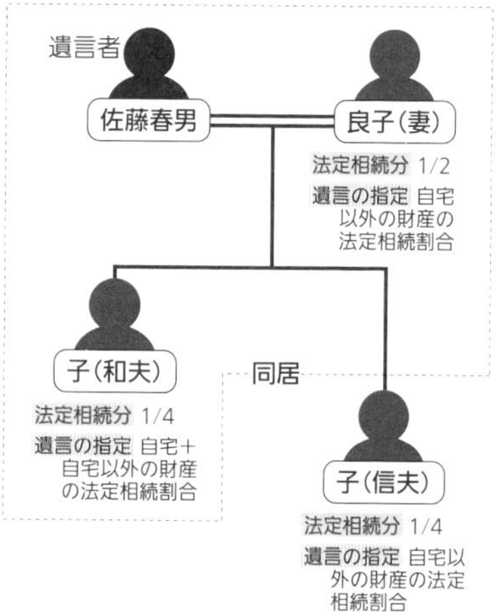

佐藤春男さんは、妻（良子）と長男（和夫）の家族３人と計５人で暮らしています。春男さんの子は長男のほかに二男（信夫）がいますが、独立し、別に家庭を持っています。

春男さんは、自分が死亡したのちは、同居している長男夫婦に妻の面倒をみてもらいたいのです。そこで長男に法定相続分より多く相続させる遺言を書きたいと思っています。

書き方のポイント

本例は、長男に自宅を相続させ、かつ、自宅以外の財産についても法定相続分で分割するように指定した遺言書です。

妻の面倒をみることを条件に自宅を相続させる負担つき遺贈ではありませんので、長男には、妻（長男からは母）のことを頼むので自宅を相続分に加えて贈与したことをしっかり伝えておくとよいでしょう。

1 条項１は、長男に自宅を相続させる内容ですが、「妻のことをよろしく頼む」旨の付言を書いておくのもよいでしょう。

負担つき遺贈とする場合については、次項を参照してください。

2 遺贈する自宅については、登記事項証明書の所在地などで確認しておくとよいでしょう。

3 条項２は、長男に、自宅のほかの財産についても、自宅とは別に法定相続分に従って相続させるというものです。この条項がないと、長男が受け取れるのは自宅だけと判断される可能性があります。ほかの相続人（とくに二男の信夫さん）と争いが生じないよう、ほかの遺産も長男に譲るつもりであれば、条項２のような指定も入れておく必要があります。

〔2〕自分が死亡したあとの妻の暮らしを支える手配をしてやりたい

書き方のポイント

遺　言　書

私は、次のとおり遺言する。

1　私の遺産のうち、次に掲げる自宅の土地および家屋については長男の和夫に相続させる。　1

東京都○○区二丁目３番４号　宅地150㎡

上記同所在　家屋番号○○番　木造瓦葺２階建居宅　1階90㎡　2階80㎡　2

2　その他の財産については、妻良子、長男和夫、二男信夫に法定相続分に従って相続させる。　3

令和○○年○月○日

遺言者　　佐藤春男　㊞

アドバイス

自宅をまるごと長男に相続させることが、ほかの相続人の遺留分《いりゅうぶん》を侵害することが予想される場合があります（二男の信夫さんは遺産総額の1/8の遺留分をもっており、どんな遺言があっても最低限それだけは相続できます）。

こうした場合には、ほかの相続人に対して、「遺留分を侵害しても、支払請求《しはらいせいきゅう》をしないように」との付言を遺言書の中に入れておくとよいでしょう。

ただし、これはあくまで希望であり、侵害額の支払請求を止める法律上の効力はありません。遺留分を侵害することが予想される場合の付言については、87ページの解説を参照してください。

できれば遺言者が生きているうちに自分の考えをほかの相続人にも伝え、諒解してもらっておくべきです。そうすれば、家庭裁判所の許可を得てあらかじめ遺留分を放棄してもらうことも可能です。

こんな点にも注意を…

本例は、遺言者の死後、妻の面倒を同居している長男にみてもらいたいというのが、遺言をする理由です。その理由は、受遺者《じゅいしゃ》（遺贈を受けた者）である長男には、きちんと伝えておく必要があるでしょう。方法としては、遺言書中にその旨の付言をする、あるいは遺言者の生前に直接、長男に伝えておくなどがあります。

なお、この例は単純遺贈の例ですが、負担つき遺贈にもできます（次項参照）。

2 子への負担つき遺贈をして残された妻の扶養・介護をきちんとさせる遺言書

この遺言を書く目的

高橋邦夫さんは、妻（静子さん）と長男（隆司さん）の家族3人とで、計5人の暮らしです。子は長男ほかに長女（麻子さん）がいますが、嫁いで別に家庭を持っています。

邦夫さんは、自分の死後には同居している長男夫妻に妻の面倒を見てもらいたいので、妻の扶養・介護をすることを条件に、約2000万円の定期預金を法定相続分とは別に相続させる遺言を書きたいと思っています。

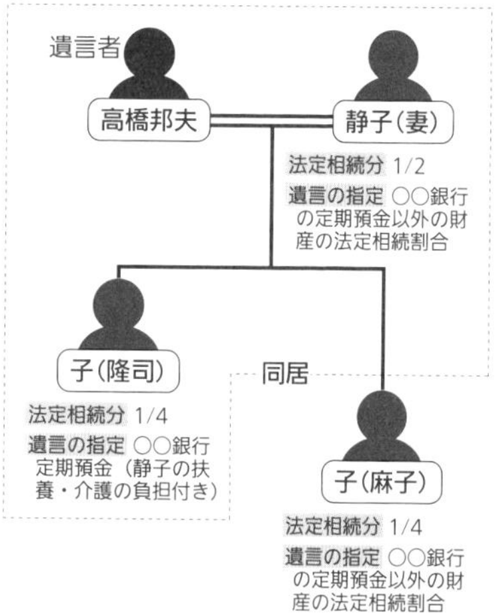

書き方のポイント

本例は、長男に対し、遺言者の妻を扶養・介護すること条件として、遺産のうち一定の預金を法定相続分とは別に受け継がせる**「負担つき遺贈《いぞう》」**です。

1 「負担つき遺贈」は、遺言者が一定の者（受遺者《じゅいしゃ》）に対して「財産を遺贈するから、そのかわりに○○をしてもらいたい」といった内容の遺言をすることです（文例には「相続させる」と書いてありますが、法律的な意味は遺贈です。これを「相続させる」と書くことのメリットは84ページの「アドバイス」参照）。「○○をしてもらいたい」というのが負担の内容で、負担つき遺贈は、条件つき遺贈である場合がほとんどです。書き方としては、条項1のように、「○○銀行…の定期預金」が遺贈の対象物であることを特定します。

金額について「定期預金の2000万円」などと明示すると、預金は利息などにより金額が変わりますから、トラブルの種となることがあります。

2 次に、負担の内容も記載します。本例では「妻静子を扶養・介護」することが受遺者が引き受ける負担（条件）となります。

3 条項2が必要なのは、長男に受け取らせる定期預金が法定相続分に含まれるのか、法定相続分とは別に相続させるのかを明確にするためです。

〔2〕自分が死亡したあとの妻の暮らしを支える手配をしてやりたい

書き方のポイント

遺　言　書

私は、次のとおり遺言する。

1　私の遺産のうち、◯◯銀行◯◯支店口座番号××の定期預金を、妻静子の扶養・介護をすることを条件に、長男隆司に相続させる。　1　2

2　その他の財産については、妻静子、長男隆司、長女麻子に法定相続分に従って相続させる。　3

令和◯◯年◯月◯日

遺言者　　高橋邦夫　㊞

つまり、⑴法定相続分の割合で遺産を分けるのが遺言者の意向だが、長男にはその法定相続分の具体的な中身として銀行預金のお金が含まれるように割り当てたのか、それとも、⑵遺言者は長男に銀行預金の分だけ法定相続よりも余分に受け取らせるつもりなのか、ということが条項1だけではわからないのです。⑴は長女の麻子さんに有利、⑵は長男の隆司さんに有利で、いずれの解釈をとるかで争いになりかねません。条項2があると、遺言者の意向が⑵であることがはっきりします。

アドバイス

遺言による現金や預貯金の相続（贈与）は、遺言を書く時点での財産で行いますので、遺言者が遺言を書いたあとでつかってしまうと、なくなってしまいます。そうすると、遺言そのものが撤回されたことになります。こうしたことを防ぐには、一定期間ごとに財産の見直しが必要となり、そのたびに遺言を書き直すことも必要となるでしょう。

また、遺贈がほかの相続人の遺《い》留分《りゅうぶん》を侵害することも考えられます。こうした場合の対策としては、他の相続人が遺《い》留分侵害額《りゅうぶんしんがいがく》の支払請求をしないようにと付言しておくのもよいでしょう。遺留分の侵害については、29ページを参照してください。

こんな点にも注意を…

妻の老後の生活を心配する遺言には、本例のように同居する相続人への負担つき遺贈による方法、妻に法定相続分より多い遺産（あるいは全遺産）を渡す方法、あるいは特定の遺産（自宅など）を相続させる方法（86ページ参照）などがあります。また、生前贈与を活用する方法もあります。

3 残される妻のために、現在住んでいる住宅の「配偶者居住権」を遺贈の目的とする遺言書

この遺言を書く目的

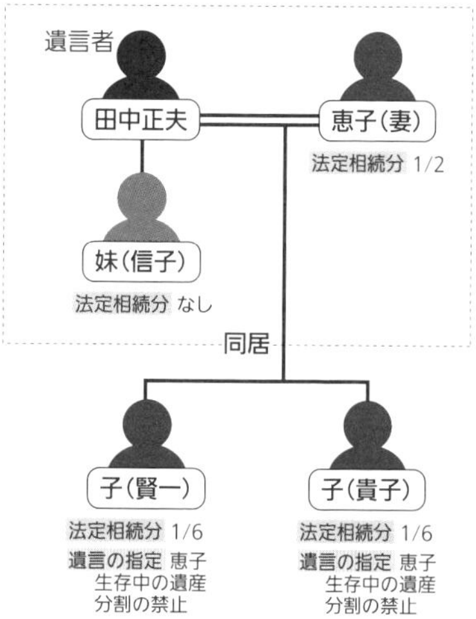

田中正夫さんは、妻（恵子さん）と、正夫さんの妹の信子さんとの３人暮らしです。子は長男（賢一さん）と長女（貴子さん）がいますが、いずれも独立して別に家庭を持っています。

正夫さんは、遺産の相続はもめることがないように法定相続分どおりにしたいと考えていますが、遺産分割で、現在、住んでいる自宅から妻（及び同居させている妹）が追い出されないような遺言を書きたいと思っています。それには令和２年４月から施行された「配偶者居住権」の利用が考えられます。

書き方のポイント

主な財産は居住用不動産と老後の蓄えだけという家庭では、法定相続割合できっちり遺産分割をすると、家を売るしかないことが少なくありません。これまでは、子供たちが母親を見捨てないだろという期待をしつつ、「遺産分割を５年間（５年が最長）禁止する」という遺言をして時間を稼ぐような方法しかありませんでした。

これに対して、令和２年４月から「配偶者居住権」という新しい制度がスタートしました。これは、「自分の住んでいた家に終生住む権利」を配偶者に与えて、残りの枠で老後資金を確保できるようにという狙いがあります。

1 「配偶者居住権を遺贈する」という表現は、民法の規定に従ったものです。今後制度が定着してきたら、もう少し自然な表現が使われるようになるかもしれませんが、遺言としては文例のとおりで大丈夫です。
これによって、万一子供たちの態度が変わっても、妻の住居は確保されます。

〔2〕自分が死亡したあとの妻の暮らしを支える手配をしてやりたい

書き方のポイント▼

遺　言　書

私は、次のとおり遺言する。

1　私の遺産のうち、自宅（〇〇県〇〇市〇〇町３丁目〇番〇号、家屋番号〇〇〇番）については、妻恵子に配偶者居住権を遺贈する。 …… 1

令和〇〇年〇月〇日

遺言者　田中正夫　㊞

アドバイス

田中さんの場合は、妻以外の相続人は夫婦間の息子と娘だけですから、よほど不仲でなければ、妻が家から追い出されることはあまり心配ありません。子供たちも、いずれは自分たちが相続することになるわけですから、特にこだわりもないでしょう。

しかし、もし田中さんに前妻の子がいたりすると、状況が変わってきます。この場合、前妻の子にとっては、一旦後妻が相続したものは自分のところには回ってきません。そうすると、家を売ってでもきちんと遺産をよこせ、ということになる可能性もあります。

今回新設された「配偶者居住権」は、「不動産を住居として使う権利」を終生保障するだけなので、「不動産そのもの」をもらうよりは価格が低くすみます。その浮いた分で老後の資金を相続すれば、生活も安泰というわけです。

こんな点にも注意を…

実は、「配偶者居住権」はどの程度の割合の価値があるのか、まだ基準が確立されていません。特に権利の存続期間（＝配偶者が今後どれくらい生きるか）は平均余命を使って予測するしかないわけです。

法務省のホームページなどでは、簡易な算定方法が示されていますし、今後事例が積み重なっていけば基準も確立してくると思います。ですから、この遺言をするときは、専門家に相談してください。

4 事実婚（内縁）の妻に遺産を渡すための遺言書

この遺言を書く目的

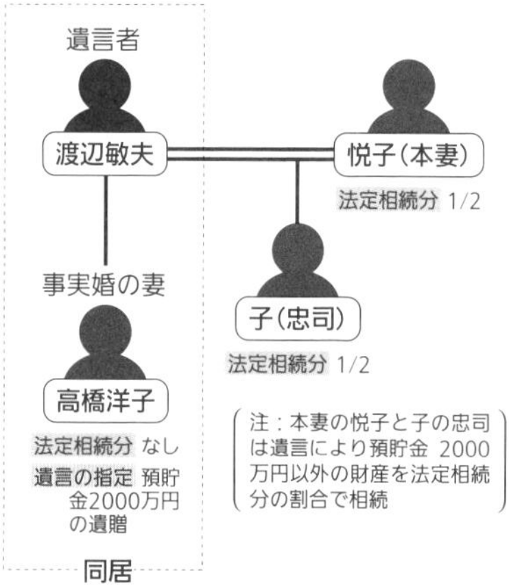

渡辺敏夫さんには、現在、同居して生活を共にしている事実婚の妻（高橋洋子さん）がいます。他に本妻（悦子さん）とその間にできた子（忠司さん）がいますが、こちらとは別居状態です。

このままだと事実婚の妻には相続権はいっさいないので、自分の財産を少しも残してやれないことになります。そこで、敏夫さんは、遺言で事実婚の洋子にも一定の遺産を贈りたいと思っています。

書き方のポイント

この遺言書は、事実婚（内縁《ないえん》）の妻に預貯金2000万円を遺贈する遺言書です。

事実婚の妻には相続権がなく、したがって法定相続分もありませんので、こうした遺言を残しておかなければ遺産をもらうことはありません。

1 遺贈する遺産を預貯金2000万円と特定します。あとでほかの相続人と具体的な分け方を話し合う遺産分割の手続きが必要となるような指定（たとえば「遺産の○分の１を遺贈する」）は、できれば避けた方がよいでしょう。話合いの過程で相続人たちの感情がこじれてトラブルのもとになりがちです。

2 こうした遺言書は保管が大変です。もし、発見されて相続人に中身を見られたら、相続の前にトラブルとなることもあるでしょうし、相続後に発見されても相続人が破棄してしまうかもしれません（もちろん破棄した相続人は相続欠格になってしまいますが）。

このような遺言は、弁護士などの専門家と相談して作成し、保管についても相談するとよいでしょう。弁護士を**遺言執行者**《いごんしっこうしゃ》として指定し、了解が得られれば、弁護士の側で遺言書を保管してもらう方法もあります。

〔2〕自分が死亡したあとの妻の暮らしを支える手配をしてやりたい

書き方のポイント

遺　言　書

私は、次のとおり遺言する。 …… 1

1　私の遺産のうち、預貯金2000万円を高橋洋子に遺贈する。
　預金先　○○銀行○○支店　普通預金口座番号○○○○
　高橋洋子の住所　○○県○○市○○町○番○号

2　遺言執行者に大山健二氏（弁護士・大山法律事務所）を任ずる。 …… 2
　令和○○年○月○日

遺言者　渡辺敏夫　㊞

アドバイス

本例のように婚姻届けを出した正式な妻と事実婚（内縁）の妻（正式な結婚の方が破綻してしまっている場合に成立する「**重婚的内縁**《じゅうこんてきないえん》」）が対立している場合、事実婚の方の妻への遺贈は、まさしくトラブルとなりやすいケースです。

法定相続では相続できない人への贈与であり、また、本妻側にとっては常日頃からよく思っていない人への贈与なのですから、快く思うはずはありません。

このような場合に問題を起こさないためには、以下のような点に注意して、遺言の内容を作成することです。

①　**遺留分**《いりゅうぶん》**の侵害をしないこと**⇒内縁の妻側に大きく片寄った遺産分けを指示しても、ほかの相続人の遺留分を侵害するほどであれば、支払請求《しはらいせいきゅう》をされる可能性が高い。

②　**すぐに分けられる特定のものを指定すること**⇒本例の預貯金のように話合いをしなくてもすぐに分けられる特定の物を譲ることとし、相続分の指定（遺産の何分の何）のように相続人みんなで遺産分割協議をしないと具体的に分けられないような遺贈はしないこと。分割協議の場でもめる可能性が高い。

③　**できれば遺言執行者を指定しておく**⇒遺言執行者がいれば、第三者的な立場で粛々と遺産分けの処理をすすめてくれる。

〈こんな点にも注意を…〉

遺言で愛人へ遺贈する場合も世には多くあります。ただし、その遺贈が愛人関係を維持するために書いた遺言であれば、公序良俗違反として無効となります。

本例のような「重婚的内縁関係」の場合、遺言による贈与ではトラブルとなることが確実に予想されるようであれば、遺言者が生きているうちにする生前贈与や、死因贈与による契約（約束）で処理したほうがよい場合もあります。

★残される家族が遺産分けで争わないようにする遺言の書き方

特定の子どもの受け取り分を多くしたい／全員公平にしたい

◎子の取り分を変えるには遺言しかない

親は自分の生きている間はもちろん、自分の死後も、子どもの生活を気にかけるものです。何人も子どもがいれば、中には病に侵されている、身体に障害がある、リストラされ再就職もできないなど、いろいろな事情を抱えている可能性もあります。

親である被相続人が、遺言を残さないまま亡くなると、被相続人の遺産は**法定相続**となります。

すなわち、相続人が遺産の何割を相続するかは法律（民法900条）で決められていますが、実際に誰が何を受け取るかは相続人が全員で話し合って決めることになります（**遺産分割協議**）。

相続法によると、相続人となった子ども同士では、相続分の割合は等分が原則です。ところが、別に遺産分割を行なう際の基準も定めてあり（民法906条）、これによると相続人の年齢、職業、心身の状態、生活の状況等を考慮して遺産の分け方を決めろ、ということになっています。

現実には遺産を機械的に等分に分けるということは難しく、また、個々の財産を誰が引き継ぐかは各相続人に事情があることから相続人の話合いにまかせるしかないゆえの規定なのです。矛盾といえば矛盾したことが同じ法律に書いてあるわけです。

したがって現実の遺産分けも、法律の条文どおりにすんなりとはいきません。遺産分割をめぐる実際の話し合いでは、各相続人の欲やエゴが出てしまい、なかなか話がまとまらないことも多いのが現実です。

よかれと思って被相続人は遺産を残したはずが、遺族の間にひどい争いを呼び起こしてしまうようでは、本末転倒です。

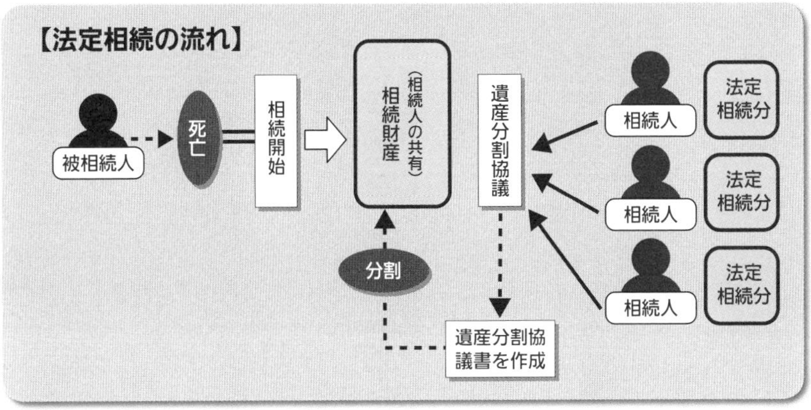

◎遺言をする場合には「公平」をモットーに

遺言をする際に、遺言者が心がけるべきことは、遺言者の死後に争いの種を残さない――言いかえれば誰もが納得できる相続にすることです（十分ではないにせよ）。

その意味で、遺言をする場合には、相続人間の「公平」を中心に考えるべきです。広辞苑によれば、公平とは、「片寄らず、えこひいきしないこと」となっています。

では、「遺産は平等に子どもたちが相続せよ」という内容の遺言があった場合、はたしてこれが公平な相続となるでしょうか。

たしかに平等に（同額ずつ）分けるのは、算術的には公平かもしれません。しかし、現実の状況・事情にそわない分割では、実質的に見て公平とは言い難いでしょう。

相続人の中には、親を献身的に介護した子がいるかもしれませんし、遊び暮らして消費者金融から借金を重ね、親に尻ぬぐいをさせた子がいるかもしれません。このような現実を見ないで、単に平等に分けるという遺産分割は、公平とはかけ離れたものと言うべきです。

遺産を具体的にどのように分けたらよいかは、遺言をする被相続人の目から見て、誰もが納得できるような、いわゆる「公平さ」を持つものであることが必要です。

1 遺産の分け方を割合で指定し 具体的分割は相続人にゆだねる遺言書

この遺言を書く目的

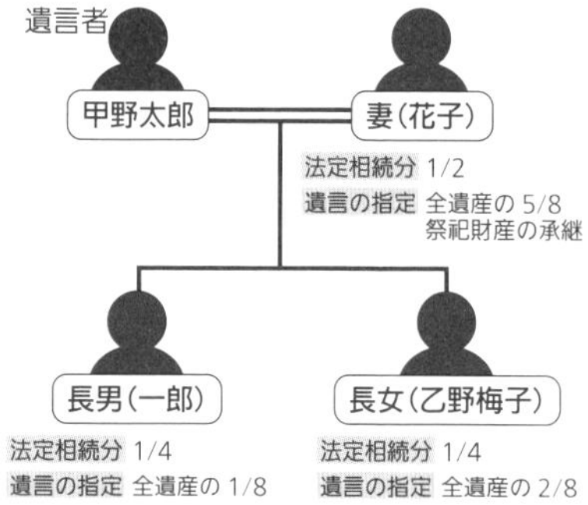

遺産額の大部分を占める自宅を、現に住んでいる妻に渡し、そのまま住み続けられることを目的とした遺言書です。

相続人全員が納得するよう、具体的な分割は相続人同士の話合い（遺産分割協議）にゆだねることにしました。

書き方のポイント

1 配偶者（妻）に、現に居住している自宅を渡したいため、遺産分割協議でもめないように相続分を多く指定してあります。

2 遺言によって子の遺留分（本例の場合は子１人あたり遺産総額の８分の１）を侵害しないよう、長男の受取り分も８分の１と、最低限の配慮をしてあります。

3 このような遺言をする場合の遺言執行者には、家族の事情に通じているものを選んだ方がよいでしょう。

アドバイス

遺言を書く上で注意しなければならないのは、相続人の**遺《い》留分《りゅうぶん》**についてです。遺留分を侵害された相続人は、遺言者の死後、侵害された遺留分の支払いを請求でき、相続争いの元となります。このサンプルでは、長男の遺留分は遺産の８分の１ですので、その最低限の割合は保証してあります。

また、遺言の内容に相続人全員が納得できなければ、遺産分割協議で遺言の内容と異なる分け方をすることもできます。そうなると、遺言者の遺志は活かされません。

遺言者の妻の受取り分として指定された全遺産の８分の５という割合のなかに自宅の評価額がおさまれば、とくに揉めることもなく、遺言者の願いどおりに妻が自宅を受けとることができるでしょう。自宅の価額が全遺産の８分の５を上回っている場合には、子どもの意向によってはすぐに話合いがつかなくなる場合もあります。ただ、いずれ子は母親が相続した自宅をその母から相続できるのですし、今回の相続では母の老後の生

〔1〕特定の子どもの受け取り分を多くしたい／全員公平にしたい

書き方のポイント ▼

遺　言　書

遺言者甲野太郎は、次の通り遺言する。

1．妻の甲野花子（昭和○○年○月○日生）には、遺言者の所有する一切の財産の8分の5の割合で相続させる　1

2．身体の弱い妻の面倒をいつも見てくれている長女の乙野梅子（昭和○○年間月○日生）には、遺産の8分の2を相続させる。

3．働こうともせず家を飛び出していった長男の甲野一郎には遺産の8分の1を相続させる。　2

4．先祖代々の仏壇、お墓、墓地等の祭祀財産については、妻の花子に承継させる。

5．具体的な遺産分けについては、相続人の遺産分割協議に委ねるが、現在住んでいる土地建物については、妻の花子がそのまま住めるように配慮してほしい。

6．遺言執行者として、長年わが家の良き相談相手である兄の甲野和雄（東京都○○区○○一丁目2番3号、昭和○○年○月○日生）を指定する　3

令和○○年○月○日

住所　神奈川県○○市○○町○○○3番地

遺言者　　甲野　太郎　㊞

活を幸せなものとするために配慮をしてほしいと遺言者は望んでいるのです。

ここでは、遺言者の兄を**遺言執行者**《いごんしっこうしゃ》に指定することで、遺言内容の実現を期しています。遺言執行者は、土地建物の登記まで面倒を見てくれるでしょう

〈こんな点にも注意を…〉

＊生前贈与や寄与分《きよぶん》にも意を払うこと

生前に子どもの一人に住宅資金を贈与するなどの生前贈与があったり、子どもの側から特別な寄与（介護や家業の手伝いなど）があったりする場合には、それを考慮した内容にすることが大切です。

2 遺産の分け方を割合で指定し 具体的な分割は第三者にまかせる遺言書

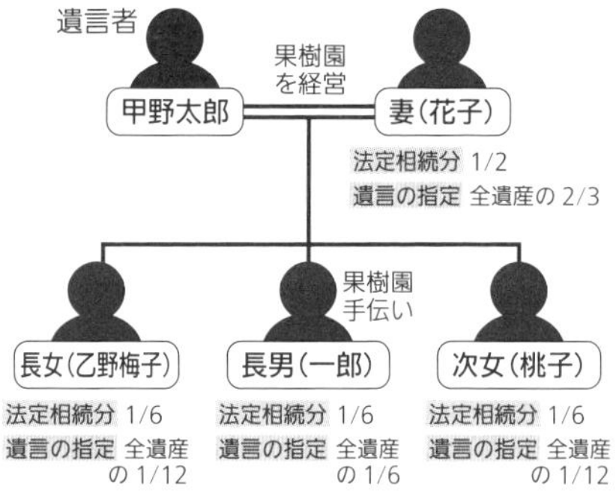

この遺言を書く目的

妻に、いま住んでいる土地建物をそのまま渡し、家業である果樹園を存続させることがこの遺言書のねらいです。

遺産分割協議でモメないよう、具体的な分割のしかたは遺言者が信頼している弟にまかせたのが特色です。

書き方のポイント

1 妻の相続分を法定相続分よりも多くしてあるのは、果樹園の経営に必要な資産を分散させず、妻のもとに残すためです。

2 果樹園以外の田畑、山林等を売却させ、お金に換えておかせるのは、具体的な遺産分割に際しての調整に使えるようにするためです。受け取ったものでは額が不足するなどと不満をもつ人がいて話合いがつかないとき、金銭を足すことで合意を引き出すようなやり方をします。

3 相続人同士が遺産分割協議でもめないように、家族の実情や家庭環境をよく知っている弟を選んで、具体的に個々の遺産の分割指定をさせる点に特色があります。

アドバイス

遺言者が遺産の割合を指定して相続人に相続させる場合には、各相続人の法定相続分と大幅に異なる相続割合の指定をすると、もめる原因の一つとなります。**遺《い》留分《りゅうぶん》**（最低限保障された受取り割合）まで侵害すると、侵害分の支払いまで請求されてしまう恐れがあります。もちろん、遺言者の願望しだいで、あえてそういう遺言をすることもあるわけですが、できるだけ争いを避ける配慮は必要です。

この遺言者は、そのようなもめごとを避けるために、信頼できる第三者に具体的な配分のしかたを全面的にゆだねています。その際の潤滑油として活用できるように、果樹園以外の不動産を現金化させてもいます。事情をよく知っている弁護士でもいれば、遺言の執行をそちらに依頼してもよいでしょう。

書き方のポイント

遺　言　書

遺言者甲野太郎は、苦節50年、新品種の開拓をなし遂げ、果樹園を手広く経営するに至っている。今後も、果樹園を守っていってもらいたいので、次の通り遺言する。

第１条　共に果樹園の栽培に携わってきた妻花子（昭和◯◯年◯月◯日生）には、全遺産の３分の２を相続させる。 1

第２条　北海道に嫁にいっている長女の乙野梅子（昭和◯◯年◯月◯日生）には、全遺産の12分の１を相続させる。

第３条　会社員をしながら果樹園を手伝っている長男の一郎（平成◯年◯月◯日生）には、全遺産の６分の１を相続させる。

第４条　短大に通っている次女の桃子（平成◯年◯月◯日生）には全遺産の12分の１を相続させる。

第５条　現在居住している土地建物、果樹園以外の先祖伝来の田畑、山林については、これを換価して相続財産に加えること。 2

第６条　以上の相続分に基づいて、具体的に誰が、何を相続するかについては、わが家の事情に精通しており、これまでも何かと相談に乗ってくれている遺言者の弟の丙野五郎（神奈川県◯◯市◯◯町◯◯1234番地、昭和◯◯年◯月◯日生）の指示に従うものとする。 3

令和◯◯年◯月◯日

住所　神奈川県◯◯市◯◯町◯◯◯３番地

遺言者　　甲野　太郎　㊞

〈こんな点にも注意を…〉

＊不動産を相続しない相続人に配慮を

遠隔地に住んでいたり、不動産の相続を望まない相続人には、金銭など不動産以外の遺産を分配することが必要です。先祖伝来の山林など、相続人にとっては不要と思われるものは売却して金銭に換え、そのような相続人のために活用するのがスムーズに相続を終わらせる知恵です。

3 ほぼ法定相続分どおりだが、具体的に相続財産の受取り方を指示した遺言書

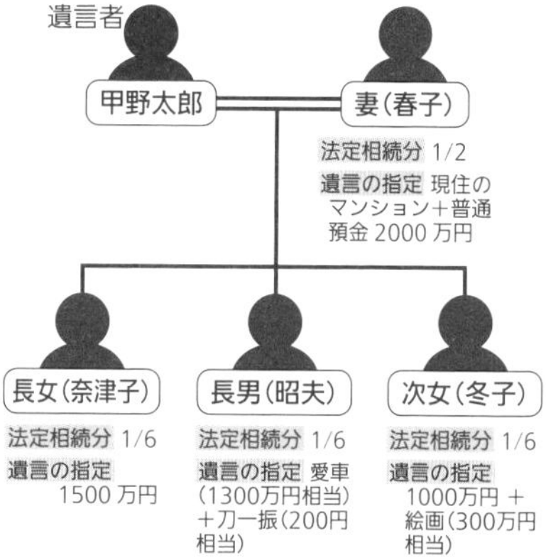

この遺言を書く目的

遺言がなくても、各相続人の法定相続分に従って、遺産分割協議で分ければよいのですが、分け方をめぐってモメる場合も少なくありません。

この遺言は、遺産の分け方を具体的な物品や金額によって指示することで、分け方をめぐって争う余地のないスムーズな相続をめざしたものです。

書き方のポイント

1 現在住んでいる土地家屋を相続させる場合には、事前にその評価額を調査しておくことが大切です。

2 各相続人の法定相続分に見合った形で遺産の指定をしてありますが、必ずしもぴったりにする必要はなく、おおよそ合っていれば問題ありません。

3 遺言書では触れておりませんが、お墓や墓地などの祭祀《さいし》財産《ざいさん》を承継する者を決めておくとよいでしょう。

アドバイス

法定相続分に近い形で具体的な遺産分割を指示するとなると、各人に相続させる遺産の評価額が問題となります。

相続財産が株式（いつの時点での時価を基準とするか）とか、債権（回収不能の場合もある）とかの場合には、とくに問題です。できるだけ客観的にみて、実態にあった評価をすることが必要です。

現在では、葬儀費用も馬鹿にはなりません。葬儀費用についても遺言するのであれば、祭祀《さいし》財産（お墓や仏壇など）や祭祀そのもの（先祖をまつる法事ごと）を承継する者を決めておくとよいでしょう。

書き方のポイント ▼

遺　言　書

遺言者甲野太郎は、以下の通り遺言する。

1. 連れ添った年月を通じて家事に専念し、私を支えてくれた妻春子（昭和○○年○月○日生）には、現在住んでいるマンション（東京都○○区○○町○○○○号、評価額約3000万円）と、今後の生活費として○○銀行の普通預金（口座番号○○）約2000万円余を相続させる。

2. 3人の子どもを抱え、夫に死なれ、パートを余儀なくされている長女の奈津子（昭和○○年○月○日生）には、退職金3000万円の中から1500万円を相続させる。

3. 長男の昭夫（昭和○○年○月○日生）には、経済的に楽な生活を送っているので、本人が気に入っている私の愛車（メルセデス・ベンツ○○年型、評価額1300万円と、備前長船の刀一振り（評価額200万円）を相続させる。

3. 次女の冬子（平成○年○月○日生）には、当人が希望してる海外留学の資金として、前記退職金の中から1000万円を相続させる。また、本人が気に入っている梅原龍三郎の絵画（桜島、時価300 万円相当）を相続させる。

4. 残余の金銭については、私の葬儀関係費用として使用すること。

5. 妻の春子は、独り暮らしなること、それに体力も年ごとに衰えてきているので、たまには訪問して、親孝行をしてもらいたい。

令和○○年○月○日

住所　東京都○○区○○町1丁目2番地

遺言者　　甲野　太郎　㊞

1

こんな点にも注意を…

＊法定相続分は絶対的なものではない

法定相続分（割合）どおりに遺産を分けることは、お金なら1円単位ですからぴったりの割合に分けられますが、それぞれ値のついた物品を分け合うときは多少の凹凸が生じることはやむをえません。それゆえ相続人たちは折り合いをつける遺産分割協議が必要になります。あらかじめ遺言で指定すれば、法定相続分を適当に変更した受取り方に変えられるのです（遺留分の制約はありますが）。

4 相続人の受け取り分に差をつけ法定相続分とは異なるものとした遺言書

この遺言を書く目的

法定相続分は個々の相続人の事情をまったく考慮することなく決められています。相続争いを避けるためには、各相続人の抱えている事情を考慮した上で、その事情に応じた相続分を決めることです。これが大人の配慮でしょう。

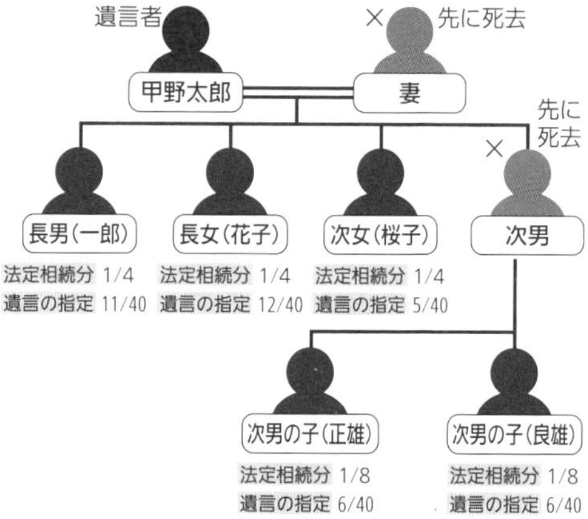

書き方のポイント

1 遺言者の死亡後の家族の中心になってもらいたい長男に、祭祀《さいし》財産《ざいさん》を承継させ、法定相続分よりも多く遺産を相続させています。

2 遺言者を献身的に介護していたのであれば、長女には法律(民法)の規定によって寄与分《きよぶん》が認められます。これに対して、遺言者の亡妻(長女の母)を献身的に介護していたとしても、遺言者からの相続については寄与分として評価されません。しかし、遺言者はこれにも感謝して、自分からの相続で長男よりも多い相続分を長女に割り当てています。それは遺言者が自由にできることです(遺留分《いりゅうぶん》を侵害するほど差をつけると侵害額支《しんがいがくし》払請求《はらいせいきゅう》の問題となりますが、法定相続分より減らす次女への指定は彼女のもつ遺留分ちょうどの40分の5(=8分の1)としてあります。)。

3 次男は亡くなっており、次男の子である孫の良雄と正男が代襲相続人《だいしゅうそうぞくにん》となるので、後でモメないよう相続分を明らかにしてあります。

アドバイス

相続分を指定する遺言書の作成は、遺言者が各相続人の事情を考慮した上で、柔軟に配分を指定できるという利点があります。しかし、反面、実際に具体的に誰が何を相続するかは、相続人全員が集まって行なう**遺産分割協議**で決めることになりますので、遺言者の遺志が本当に活かされるかどうかは別問題です。

〔1〕特定の子どもの受け取り分を多くしたい／全員公平にしたい

書き方のポイント

遺　言　書

遺言者甲野太郎は、私の亡き後、相続財産をめぐっての争いが起こらないことを祈念して、以下のように遺言する。

第１条　長男の甲野一郎（昭和○○年○月○日生）には、私の亡き後、家族をとりまとめ、祭祀を承継してもらいたいので、遺産の40分の11を相続させる。 …… 1

第２条　長女の花子（昭和○○年○月○日生）は、昨年亡くなった妻を長年にわたって献身的に介護してくれ、また私の身の回りの世話もしてくれたので、遺産の40分の12を相続させる。 …… 2

第３条　次女の桜子（昭和○○年○月○日生）は、結婚して大阪に住んでおり、金銭的に何ら不自由ない生活を送っているので、遺産の40分の５を相続させる。

第４条　先年死亡した次男の子良雄（平成○○年○月○日生）と正男（平成○○年○月○日生）には、これからの生活が大変なことが予想されるので、それぞれ遺産の40分の６を相続させる。 …… 3

第５条　遺言執行者として、私の弟である甲野昭夫（東京都○○市○○１丁目２番地３号、司法書士）を指定する。

令和○○年○月○日

遺言者　　甲野　太郎　㊞

遺言で指定した指定相続分との齟齬《そご》を避けるためには、事情に通じた**遺言執行者**《いごんしっこうしゃ》を指定しておくことが不可欠です。

なお、**代襲相続人**《だいしゅうそうぞくにん》が遺産分割協議に参加する場合、未成年者であるときは親権者（生きている方の親など）が法定代理人として参加します。この事例のように、複数の未成年者が代襲相続人の場合には、親権者のほかに家庭裁判所に**特別代理人**を選任してもらうことが必要となります。

〈こんな点にも注意を…〉

＊各相続人間の公平感も大切に

相続人の事情を考慮するにしても、特定の相続人だけ特別に多くすること（遺留分を侵害するほど）は考えものです。各相続人が納得できるほどにバランスを保った配分になるよう意を払うことが大切です。

5 生前に他の兄弟より多くの援助を受けた子がいるとき相続で結果的に平等になるようにしたいときの遺言書

この遺言を書く目的

生前、子どものうちの１人にかなりの金銭的援助をしている場合、相続が開始すれば、援助を受けた子と受けなかった子の間に摩擦が生じ、トラブルになりかねません。そのような心配をなくすのがこの遺言の目的です。

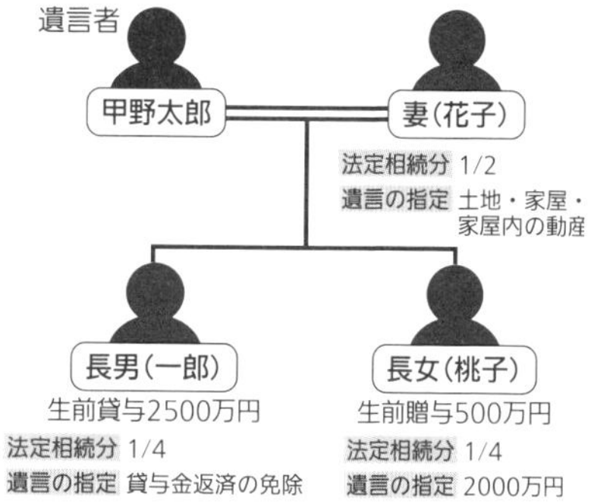

書き方のポイント

1 相続財産である家財道具などをめぐってゴタゴタが起きないように、妻に一括して相続させることにしてあります。

2 相続人が被相続人の生前に**特別受益**として贈与を受けていた分は相続財産に組み入れて計算し（**持ち戻し**）、相続にあたっては特別受益分を差し引いて、結果的に各相続人の公平をはかるのが法定相続の原則です。生前贈与をした親が、子の特別受益分は相続とは別扱いとし、トータルでほかの子より多く受け取らせたいのであれば、遺言にそういう差し引き計算をしないよう指示することができます（**持ち戻しの免除**）。

3 特別受益分の500万円と2000万円の遺贈によって、子どものトータルでの受取り分を平等にしてあります。

アドバイス

子のうちの一部の者が親から生前贈与を受けていたり、遺贈《いぞう》を受ける場合には、相続分の算定に当たって、一部の相続人だけが有利となり不公平となります。そこで、相続法では、遺贈のすべて、および生前贈与のうち①婚姻、養子縁組のための贈与、②生計の資本としての贈与を「**特別受益**」として相続開始時の財産に組み入れ（**みなし相続財産**）、これをベースに各相続人の受取り額を計算します（みなし相続分の額）。特別受益を受けた相続人のみなし相続分の額からは特別受益分の額を控除し、特別受益を受けていない相続人との公平をはかります。

このとき、特別受益者のみなし相続分の額が特別受益の額を上回れば、その差額が特別受益者の相続時の受取り額となり、特別受益者のみなし相続分額が特別受益額と等し

〔1〕特定の子どもの受け取り分を多くしたい／全員公平にしたい

書き方のポイント

遺　言　書

遺言者甲野太郎は、以下の通り遺言する。遺言者が今日まで、元気で働き、財産を築いてこられたのは、妻花子の協力があったからであり、また子どもたちが独立して平穏な生活を送れるようになったのは、私たち夫婦の援助が少なからず貢献しているものと思う。これからも母親を大切にし、仲良く暮らしてもらいたい。

1．遺言者は所有する土地、家屋ならびに家屋内の一切の動産を妻の甲野花子（昭和◯◯年◯月◯日生）に相続させる。（物件の表示⇒略）　1

2．長男の一郎（昭和◯◯年◯月◯日生）には、10年前に独立開業金として2000万円、その後運転資金として500万円を貸与してあるが、その返済を免除する。これを特別受益として考慮し、一郎の相続分を０とする。　3

3．長女の桃子（昭和◯◯年◯月◯日生）には、結婚する際の持参金および支度金として500万円を贈与しているので、これを特別受益として考慮し、相続の計算ではこれを算入する。　2

4．長女の桃子には、◯◯銀行◯◯支店の預金のうち2000万円を相続させるので、遺留分の放棄をしてもらいたい。　3

5．その他の財産は妻花子に相続させる。

令和◯◯年◯月◯日

東京都◯◯市◯◯町◯丁目◯番地◯号

遺言者　　甲野　太郎　㊞

いか超過する場合には、特別受益者が相続時に受け取る額はゼロとなります。

遺言者としては、以上のことを理解した上で、相続人間の公平感、バランスを考慮して、遺言によって調整をはかることが必要です。

こんな点にも注意を…

＊母親に対する遺留分減殺請求を封じる

子どもが相続人の場合には、子どもたちの法定相続分は２分の１。その相続分の２分の１の遺留分があります。居住している土地建物を相続する母親に対して、遺留分権を楯に取戻しの請求しないよう、釘を差しておく配慮が必要です。

6 生前に他の兄弟より多くの援助を受けた子がいるとき その子に結果的に多く受け取らせたいときの遺言書

この遺言を書く目的

子のうちの一人が生前に親から高額の贈与を受けている場合、この「特別受益」の分を相続時には別扱いとするよう指定しておかないと、特別受益のプラス分は相続分から差し引かれることになります。特別受益を受けた子にも相続では規定の相続分を受け取らせ、結果的に親の財産を他の子より多く受け取らせたい場合には、そのための条項を設けた遺言を作成します。

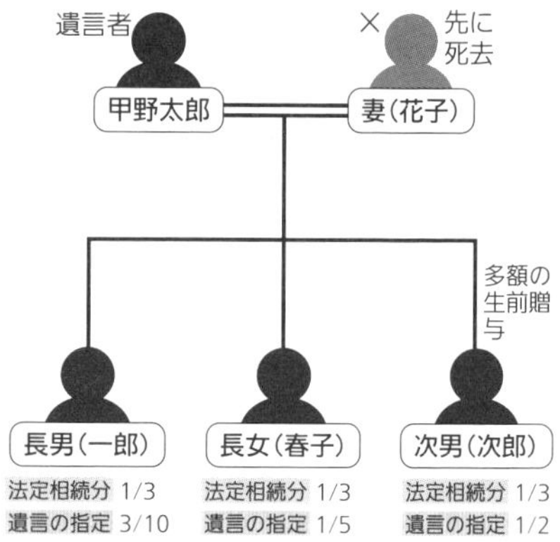

書き方のポイント

1 祭祀《さいし》承継者《しょうけいしゃ》となると法事の主催や墓地の管理などでけっこうなお金がかかってきます。通常は長男・長女の役回りとなりますが、法律で決まりがあるわけではないので、遺言で承継者を決めておくのがよいでしょう。承継者に今後かかってくる費用負担に配慮して、相続で受け取る割合を多くしてあります。

2 被相続人から生前贈与を受けている相続人がいれば、ケースによっては特別受益として扱われます。なにもしなければ、特別受益でトクをしている分は相続時に相続分から差し引かれることになりますので、遺言でそうしないよう指定しておきます。

アドバイス

相続人が遺言者（被相続人）から生前贈与を受けていたとき、これが**特別受益**《とくべつじゅえき》に該当する場合には、相続人間のバランスをはかるために、その特別受益分を相続時の財産に組み入れたものを計算上の相続財産額とし（これを**持ち戻し**といいます）、特別受益者の受益分はそれをベースに算出した相続分の額から差し引かれます。

しかし、被相続人がこれと異なる意思表示をしたとき（持ち戻しを免除したとき）には、特別受益者はその受益分は確保したままで、相続も他の相続人と同様に受けられます（生前贈与の額があまりに大きく、他の相続人の遺留分権《いりゅうぶんけん》まで侵害していれば、その

書き方のポイント ▼

遺　言　書

遺言者甲野太郎は、次のとおり遺言する。各相続人は遺言の内容を理解して、諍いを起こさず、相続してほしい。

第1条　公務員をしている長男甲野一郎（平成○○年○月○日生）には将来、祭祀財産を受け継ぎ祭祀を承継してもらいたいので、遺産の10分の3を相続させる。◀……… 1

第2条　結婚して京都に住んでいる長女春子（平成○○年○月○日生）には、特に生活に困ってはいないので、相続財産の5分の1を相続させる。

第3条　遺言者が心を痛めているのは次男甲野次郎（平成○○年○月○日生）のことである。次郎は私の妻甲野花子（平成○年○月○日生）と共に○○山に登山中に落石事故に遇い、花子は死亡したが、次郎は一命は取り留めたものの重症を負い、2年間も入院を余儀なくされ、退院後も歩くことさえできない後遺症を抱えている。次郎には、治療費や生活費として1000万円以上を渡している。しかし、今後のことを考えると心配でならない。そこで、次郎には遺産の2分の1を相続させる。既に次郎に贈与した分は、特別受益となるが、特別受益としての持ち戻しを免除し、同贈与の価額を相続財産には算入せず、次郎の相続分から控除しない。……… 2

令和○○年○月○日

東京都○○区○○町○丁目○番地○号

遺言者　　　甲野　太郎　㊞

侵害額の取戻しまで止めることは遺言によってもできません。なお、本例では、遺産額（生前贈与を含めて計算）によっては、遺留分を侵害する可能性があります。

〈こんな点にも注意を…〉

＊他の相続人に対する配慮を忘れずに

特定の相続人に対して、生前贈与に加えてさらに相続もさせるわけですから、まず他の相続人を納得させることが大切です。このような遺言をするには特別な事情があるでしょうから、それをはっきりさせておくべきです。

7 生命保険の受取人と受取人以外の相続人との公平をはかった遺言書

この遺言を書く目的

これまで仲の良かった兄弟が、一人だけ生命保険金を受け取り、不動産（マンション）も相続するのを境に仲違いすることがないように、各相続人のバランスを考慮して相続させることに意を注いだものです。

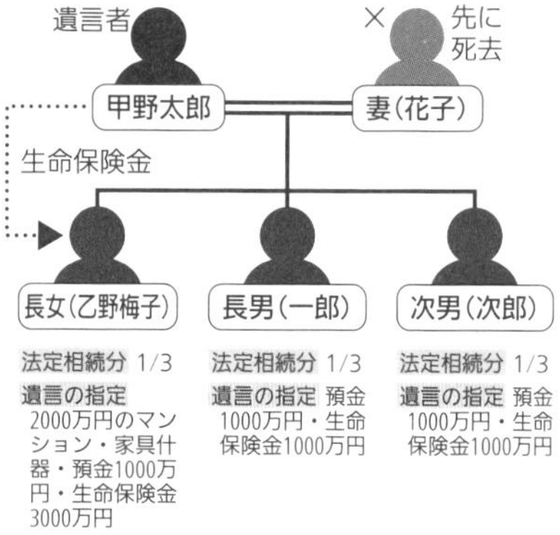

書き方のポイント

1 保険金の受取人が個人の名で指定されている場合には、その保険金は指定を受けた人の固有財産と考えるのが原則です。相続財産ではありませんので、遺産分けの対象にはなりません。ただ、相続財産に比べて生命保険金の額が非常に高く、相続人間の公平を著しく欠く場合には、その保険金は特別受益とみなされ、保険金受取人の相続額を減らす処理をされる場合があります。これはそのことに配慮した条項です。

2 現在では大学進学も普通のことと見られ、通常はかかった費用を特別受益とされることはありません（医学部などはお金がかかるので別とする場合もある）。しかし、遺言者がこれを特別受益なみにみなし、進学しなかった他の相続人に厚く相続させることは自由です。

アドバイス

相続人の一人を生命保険金の受取人にした場合、**他の相続人との間の不公平さが是認できないほどのものであれば、本来は相続財産ではなく固有財産である生命保険金も、特別受益とみなされ、相続財産に持ち戻されることになります**。ただ、その場合の判断基準として、「保険金の額、これの遺産総額に対する比率、同居の有無、介護等、被相続人に対する貢献度」など、諸般の事情を総合的に考慮して判断すべきとしています（最高裁平成16年10月29日決定）。

生命保険金は、相続に際して潤滑油の役割を果たす要素があります。この中から葬儀関係費用を支出したり、本遺言に記されたように、保険金を受け取った相続人が保険金

書き方のポイント▼

遺　言　書

1　遺言者甲野太郎は、妻花子の亡き後、私と同居し、家事や介護に尽くしてくれた長女乙野梅子に、現在居住する東京都○○市○○町○丁目○番地○号所在のマンション1室（評価額約2000万円）、家具什器備品一切、ならびに○○銀行○○支店の定期預金（口座番号○○－○○）1000万円を相続させる。

また、私の加入していた生命保険につき、死亡保険金5000万円の受取人を妻花子から、梅子名義に変更してあるので、この中から長男甲野一郎及び次男甲野次郎に各1000万円を渡すこと。　1

2　長男の甲野一郎には、私名義の○○信用金庫の普通預金（口座番号○○－○○）1000万円を相続させる。

3　次男の甲野次郎には、××銀行○○支店の私名義の普通預金（口座番号○○－○○）の普通預金1000万円を相続させる。

4　長男甲野一郎と次男甲野次郎の相続分が、長女乙野梅子に劣るのは、両名とも大学まで進学させたこと、またそれぞれ上場企業に就職して生活に困らないことを考慮した。乙野梅子は夫に死に別れ、子の正男（3歳）を抱えており、今後の生活を考慮したものである。　2

〔付　言〕

これまで兄弟仲良くしてきたのであるから、この遺言書の趣旨を理解し、これからも仲良く生活してもらいたい。

令和○○年○月○日

遺言者　　甲野　太郎　㊞

の一部を他の相続人に渡すなどして、遺言者の死後の法要や遺産分けなどの手続きをスムーズに進める役に立てられるのです。

〈こんな点にも注意を…〉

＊法律事項以外で希望することがあれば〔付言〕として記載する

遺言内容だけでは相続人の納得を得られるのが難しい場合には、遺言者の希望を記載することです。法的な拘束力はありませんが、相続人の情《じょう》宜《ぎ》に訴える効果は期待できます。

8 介護の面倒をみたなど貢献の大きい相続人に多く受け取らせるための遺言書

この遺言を書く目的

相続では相続人間の公平さが要求されます。しかし、相続人のうちに、被相続人に対して大きく貢献した相続人がいる場合、機械的に平等に分ける相続では逆に不公平となってしまいます。ここでは、相続人の寄与分を明確にし、実質的な公平をはかっています。

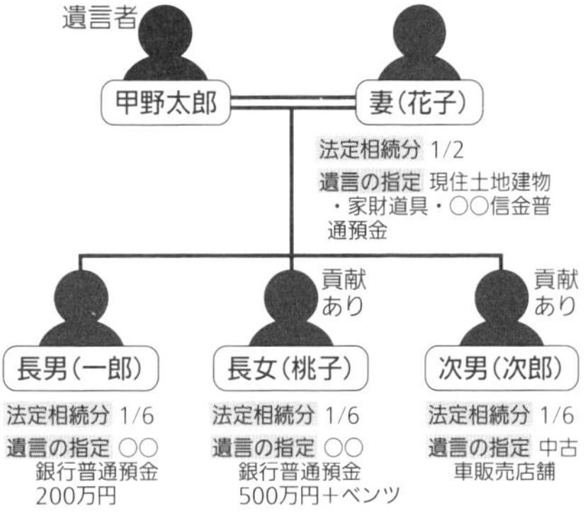

書き方のポイント

1 長男の相続分が少ないため、長男の遺留分《いりゅうぶん》を侵害するおそれがあります。遺言する際には、できるだけ抵触しないよう配慮することが必要です。遺言書を書く前に、相続財産目録を作って、遺留分の侵害が起こりそうな場合には、受け取り分の少ない相続人の受取り額を適宜プラスする調整も争いを封じる一方法です。

2 遺言によって相続分を「○分の○」と割合で指定し、寄与分も同様に割合（遺産の○割）で指定する方法もありますが、それだと遺産分割協議でもめる心配があります。このように具体的な物品や金額で指定すると争いが起きにくくなります。

アドバイス

通常は、**寄与分**《きよぶん》については、誰がどの程度寄与したか、寄与分としてどの程度認めるかについて、遺産分割協議の場で話し合いで決めます。決まらなければ、家庭裁判所の調停・審判ということになります。スンナリと決まらないのが実情で、遺言によって寄与分を明確にしておくことには意味があります。

条文（民法904条の2）では、寄与分が認められる基準も程度も規定されていません。家庭裁判所で審判された例では、1～2割程度を認めるケースが多いようです。

遺言による寄与分の指定は上記割合より多いのが普通ですが、あまりに大きいと遺留分侵害となるかについては、通説は過大な寄与分は特別受益にあたり、寄与分も含めた

書き方のポイント ▼

遺　言　書

遺言者甲野太郎が遺言を残すのは、以下のような理由からである。

甲野太郎は、中古車の販売業を営んでいたが、３年前に脳梗塞を患い半身不随の身となった。会社員をしていた次男の次郎が会社を辞め、持ち前の熱意と努力のおかげで、店は支店を出すまでになっている。また、長女の桃子は、病身の母花子を助け、私の介護も誠意をもってやってくれている。

私は、親孝行の次男や長女に報いるために遺言を残すことにした。

1　現在住んでいる別紙記載の土地建物ならびに家財道具一式は、妻の甲野花子に相続させる。他に、○○信用金庫の普通預金（口座番号○○）も花子に相続させる。

2　名古屋に住んでいる長男の甲野一郎には、○○銀行の普通預金から200万円を相続させる。　1

3　次男の甲野次郎には、私の仕事に大いに寄与したことを考慮して、私が経営していた中古車販売の店舗（本店と支店）を相続させる。　2

4　長女の桃子には、私への献身的な介護および妻への手助けを感謝して、私の愛車（メルセデス・ベンツ○○型）と前記○○銀行○○支店の普通預金から500万円を相続させる。

5　その他の財産は妻花子に相続させる。

令和○○年○月○日

千葉県○○市○○町○丁目○番地○号

遺言者　　　　甲野　太郎　㊞

〔付　言〕次男次郎並びに長女桃子には、大いなる寄与があったことを認めて相続分を多くした。そのことを理解し、相続争いを起こさず、私の死後も親兄弟仲睦まじくしてほしい。

額が他の相続人の遺留分を侵害すれば支払請求の対象になるとしています。後顧の憂いを無くすためには、遺留分侵害とならないよう、あるいは他の相続人が遺留分を放棄するよう配慮しておいた方がよいでしょう。

こんな点にも注意を…

＊寄与分が認められる条件は

民法で認められている寄与分は、相続人だけに認められるもので、①被相続人の事業に対する労務の提供、②被相続人の事業に関して財産上の給付、③被相続人の療養看護と列挙されていますが、これに限定されるわけではありません。

9 特定の物品を1人の相続人に受け取らせ全体としては均分に受け取らせる遺言書

この遺言を書く目的

法定相続になると、亡くなった人（被相続人）の子は、法定相続分に従った均分相続となります。特殊な事情をかかえており、援助を必要とする相続人に厚く相続させたいという場合には、本サンプルのような遺言が不可欠です。

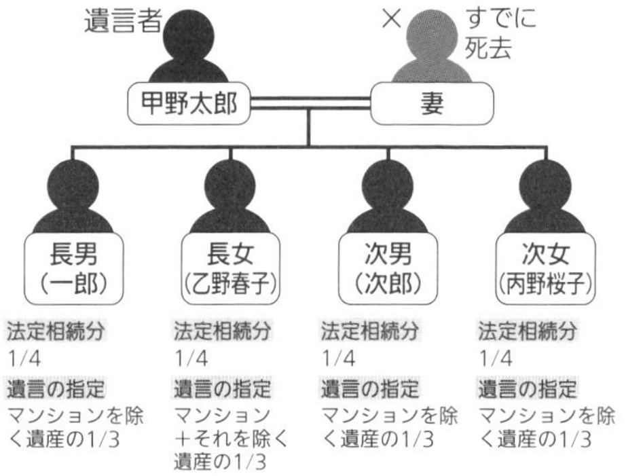

書き方のポイント

1 相続人のうちの１人が、身体障害者である、寝たきりであるなどのため、その者に多く相続させる必要があるケースもあります。この例の場合は、居住マンションを賃貸にし、賃料を生活費に当てさせることにしています。

2 相続人の１人にマンションを単独所有させることが、他の相続人の遺留分を侵害することにならないかについては注意が必要です（本例では、遺言者の子の遺留分は各人とも全遺産の８分の１ずつで、遺言者の妻はすでに死亡でなし）。

3 不動産の所有権移転登記や賃貸に必要な手続きは素人には難しいものですが、専門家である不動産業者の友人を遺言執行人に指定して、この問題を解決しています。費用の支払い方法についての指示もあります。

アドバイス

生活に困窮している相続人を配慮して、特定の財産を相続させる場合、本事例のように不動産を賃貸して賃料を生活費に当てる方法と、特定財産を換価して金銭を援助する方法があります。金銭で受け取ると消費しやすいので、毎月一定の賃料を受け取る方が、生活の安定の手助けになると思われます。

不動産の取引や運用にうとい相続人に不動産を相続させる場合には、具体的な手続きを代理して行なってくれるような人を、遺言執行者にしてしておくことは有用でしょう。このような遺言執行者を依頼する場合には、その費用を誰が負担するかも、決めておいた方がよいでしょう。

〔1〕特定の子どもの受け取り分を多くしたい／全員公平にしたい

書き方のポイント ▼

遺　言　書

私甲野太郎は、この世に未練を残さず旅立ちをしたいので、次のような遺言をする。最大の心配事は、長女乙野春子のことである。夫乙野夏夫による当人への暴力と孫乙野昭夫に対する児童虐待に耐えきれず、離婚に至り、アパート暮らしを余儀なくされ、生活に難渋している。他の相続人もこのことを理解し、協力してもらいたい。

第1条　現在私が所有し、1人で住んでいるマンション（東京都○○区○○町1－2－3）を乙野春子に相続させ、これを賃貸に出させ、その間の手数料を除いた賃料を乙野春子に受け取らせる。 ……… 1

第2条　長男の甲野一郎には、前述のマンション以外の財産の3分の1を相続させる。

第3条　次女の丙野桜子には、甲野一郎と同じくマンションを除く遺産の3分の1を相続させる。

第4条　次男の甲野次郎にも、甲野一郎と同じくマンションを除いた遺産の3分の1を相続させる。

第5条　遺言執行者として、不動産業を営んでいる私の親友丁野浩（東京都○○区○○町1丁目2番地3号）を指定する。マンションの賃貸に関することは丁野浩に委任し、その費用は乙野春子が賃料の中から支払うこと。◀……… 2

令和○○年○月○日

東京都○○区○○町1－2－3－4

遺言者　　甲野　太郎　㊞

〈こんな点にも注意を…〉

＊遺言による指定と遺産分割協議

特定の不動産を相続人の１人に相続させ、それを除いた遺産については相続分を指定して、遺産分割協議の話し合いに任せています。こうしておけばモメるケースは少ないと思われます。

10 特定の物品を1人の相続人に受け取らせ その分だけ他の相続人より多く受け取らせる遺言書

この遺言を書く目的

遺言者と同居しながら、看病・介護に尽くしてくれており、その上に自分の子育てにも苦労している長女に対して、その労に報いるためにしたためる遺言です。具体的には、自宅と遺産の３分の１を相続させるように定めてあります。

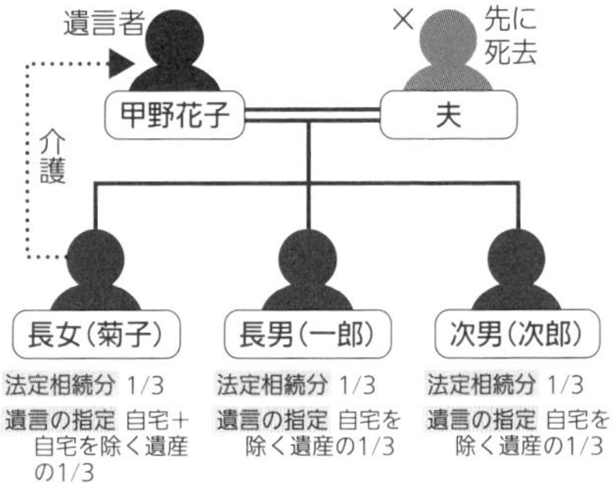

書き方のポイント

1 相続人の１人に特定の財産を相続させ、それを除いた全遺産（祭祀財産《さいしざいさん》は除く）の相続を、法定相続分に従って相続させるようにしてあります。相続分に従った具体的な財産分けは、遺産分割協議で決めることになります。

2 長女が不動産を相続することで遺産分割協議がモメることのないように、相談役として叔父の乙野一男を遺言執行者に指定しました。

アドバイス

相続では相続人間の公平さが要求されますが、特別な事情がある場合には、特別事情を加味した遺言が必要なケースもあります。

１人の相続人だけが、他の相続人より多く財産を相続する場合に問題となるのは、他の相続人の**遺留分**《いりゅうぶん》を侵害しないかどうかです。

本事例では、長女の相続する土地家屋の評価額に触れていませんので、遺留分を侵害するかどうかの判定はできません。

長女に対しては、**寄与分**《きよぶん》が認められますので、そのことを明確に記載しておいた方がよかったでしょう。

また、相続人は他人ではなく兄弟です。親の介護の面倒をみている長女の献身的な行為に対して、彼らに感謝と同情を求めるのも遺言だからできることです。良き相談相手として、遺言執行者が決められているところから、おそらく遺留分をめぐる諍《いさか》いは避けられるのではないかと思います。

書き方のポイント ▼

遺　言　書

遺言者甲野花子は、３年前に夫甲野太郎に先立たれ、独り暮らしのところ、病に倒れ、現在も寝たきりの状態である。私に対する一切の面倒は、私と同様、二人の子どもを残し夫に先立たれた長女の甲野菊子が同居して献身的に見てくれている。長男も次男も、その辺の事情を熟慮して、私の死後も兄弟仲良く生活を送ってほしい。 1

1　亡夫が残してくれた現在の土地建物（物件の表示は略）および家財道具一切は、長女菊子に相続させる。

2　上記不動産を除いた財産（預貯金、株式等）については、長女にその３分の１を相続させる。

3　長男の甲野一郎については、〇〇大学の大学院まで行かせ、現在では一流企業に努めており、生活に不安がないので、不動産を除いた遺産の３分の１を相続させ、同時に祭祀財産を承継させる。

4　次男の次郎は、大学卒業後、つくば市で研究所に勤務し、技術者として働いており、同様に生活の不安はない。次郎にも、不動産を除いた遺産の３分の１を相続させる。

5　遺言執行者として、わが家の良き相談相手をしてくれてきた亡夫の弟の乙野一男を指定する。何事も、叔父の乙野一男に相談をして処理してほしい。

令和〇〇年〇月〇日 ◀ 2

東京都〇〇市〇〇町〇丁目〇番地〇号

遺言者　　甲野　花子　㊞

こんな点にも注意を…

＊遺言執行者はどんな人が適任か

相続人がちゃんと遺言の指定を守るかを見張り、必要な手続きの手助けもするのが遺言執行者です。親族や友人に家族の事情を知った信頼に足る人物がいれば適任です。法律的な難しさを抱える事案では弁護士などの専門家の方がよいでしょう。

11 未婚で親と同居している長女が相続で家を出されぬよう長女に家を相続させる遺言書

この遺言を書く目的

結婚もせず父親（遺言者）の面倒を見続けてきた長女に、主たる相続財産である借地権付住宅を相続させたいという願いを込めた遺言書です。

心配のタネは、家の価額が遺産額の大半を占めることで、他の相続人の遺留分を侵害する可能性が大なのですが、これを放棄してもらいたい旨も書かれています。

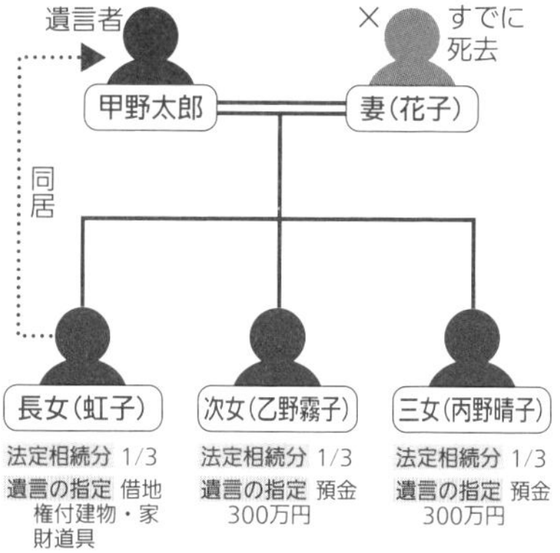

書き方のポイント

1 借地上にある建物を相続するのですから、相続するにあたっては、後でモメることのないように地主に報告しておいた方がよいでしょう（名義書換料等は原則不要）。

2 預貯金から一定の金銭を相続人に相続させる場合には、遺言執行者に払い戻し等の権限を与え、受け渡しを遺言執行者に一任するのがベターです。

3 長女が借地権付住宅を相続する場合、他の相続人の遺留分を侵害するおそれがある場合には、付言事項として、遺留分の放棄をするよう書いておくとよいでしょう。

アドバイス

主要な財産を特定の相続人に相続させる場合、必ずと言っていいほど問題となるのは**遺《い》留分《りゅうぶん》**の侵害です。本事例では、相続人は三姉妹ですから、各人の遺留分は２分の１（相続人全体の遺留分）×３分の１（１人あたりは頭割り）＝６分の１です。遺留分を侵害しない遺言内容とすべきですが、、トラブルがおきそうでしたら遺言執行者を指定し任せるのがよいでしょう。そのことを明記しておくべきでした。

特定の相続人に主要な遺産を相続させる方法として、一般に利用されるのは**相続放棄**です。しかし、相続放棄は相続人が相続が開始したことを知ってから３か月以内にとれる手続きです。それに対して**遺留分放棄**の手続きは、家庭裁判所の許可を得れば被相続人（遺言者）の生前でも可能ですから、遺言者の生前に手当てしておけば万全です。

書き方のポイント ▼

遺　言　書

遺言者甲野太郎の長女虹子は、24歳のときに婚約者に先立たれ、妻花子を亡くしてやもめ暮らしをしている私の生活の面倒をみてきて今日に至っている。虹子に感謝すると共に、将来も虹子がこの家で暮らせるよう、次のような遺言をする。

第１条　現在、私たちが居住する丁野五郎氏より借りている借地上に建てた借地権付建物（東京都〇〇区〇〇町〇丁目〇番地、家屋番号〇〇）および家財道具のすべてを長女の甲野虹子に相続させる。　1

第２条　次女の乙野霧子は、公務員の乙野春男と結婚し、長野で経済的に不安のない生活を送っている。霧子には、〇〇銀行〇〇支店普通預金（口座番号〇〇－〇〇）から、金300万円を相続させる。

第３条　三女の丙野晴子は、横浜でレストランを営む丙野夏夫と結婚し、次女と同様生活の不安はない。晴子にも、前条に記載した口座から300万円を相続させる。

第４条　その他の財産は長女虹子に相続させる。

第５条　遺言執行者として、叔父の甲野次郎を指定する。甲野次郎には私の預貯金の解約、払い戻しの権限を与える。　2

第６条　（付言事項）この遺言は、三姉妹が今後も生活の不安無しに仲良く暮らして行けることを願って、よくよく考慮した上で作成したものである。私の死後、遺留分をめぐってのトラブルがおこらないように、霧子と晴子には、遺留分の放棄をしてもらいたい。　3

令和〇〇年〇月〇日

東京都〇〇市〇〇町１丁目２番地３号
遺言者　　甲野　太郎　㊞

こんな点にも注意を…

＊家族の事情に通じた人を遺言執行者に

不動産を相続させる場合には、専門家を遺言執行者に指定すれば、必要な手続きをとってくれます。また、預貯金の管理を任せるのですから、家族の事情に通じた信頼できる人を遺言執行者に選ぶべきです。

12 ローン付不動産を子の1人に相続させローンの支払いを任せる遺言書

この遺言を書く目的

遺言者の願いは、死後に争いの種を残さないこと、それと公平に相続させることです。ただ遺産には簡単に分割できないものもあり、またローン付きであるとか、抵当権付きであるとか、負担をともなう財産もあります。この遺言は一つの解決例です。

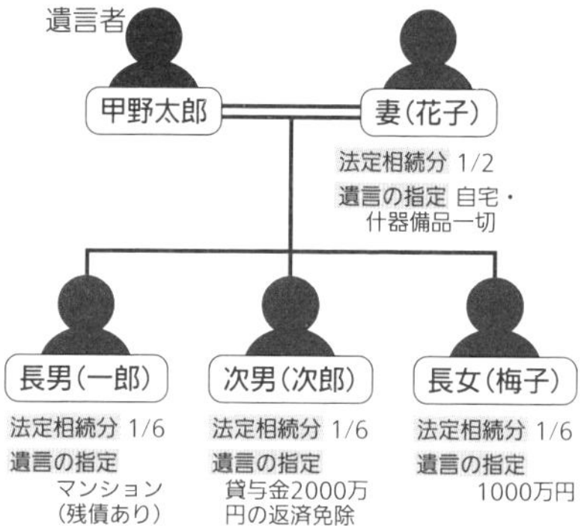

書き方のポイント

1 団体信用生命保険に加入していない住宅ローン債務の承継については、本来は各相続人が相続分に応じて負担するのが原則です。ローン先の金融機関と話し合うことが必要です(団信保険に入っていれば保険金でローンが完済され、債務は消えます)。

2 不動産の相続では、その評価額を出し、法定相続分とかけ離れないような調整(他の相続人に金銭を多く与えるなど)をすれば受取り分の差をめぐる争いを防げます。

3 本事例のように、遺言によって不動産を相続させる場合は、不動産登記の移転などが必要ですから、相続人がそうしたことに不案内であるようなら、できれば遺言執行者を指定しておくべきでしょう。

アドバイス

住宅ローンの利用者が死亡した場合に、一般に住宅ローンの返済を肩代わりするのが団体信用生命保険です。銀行などの民間金融機関の取り扱っている住宅ローンでは、保険加入が条件となっています。

現在、多く利用されているフラット35では、加入は任意ですが、住宅金融支援機構の団体信用生命保険の加入が認められています。最近の住宅ローンは、ほとんど団体信用生命保険に加入していますので、遺言者が亡くなれば、ローンの残額は生命保険から払われ、未払いのローンは支払わずにすみます。団体信用生命保険に加入していない住宅ローンであれば、金融機関と交渉して、マンションを相続した相続人がローンの残額

書き方のポイント

遺　言　書

遺言者甲野太郎は、次の通り遺言する。

1．現在住んでいる下記土地建物並びに什器備品の一切は、妻の甲野花子に相続させる。

（1）土地
　　○○県○○市○○町○丁目○番地○号
　　宅地　　○○○．○○平方メートル

（2）建物
　　○○県○○市○○町○丁目○番地○号　家屋番号○番
　　木造平屋建　　居宅
　　○○○．○○平方メートル

2．長男であるアパート住まいの甲野一郎には、下記マンションを相続させる。ただし、残っている住宅ローン債務は次郎が負担する。　1

（1）東京都○○区○○1丁目2番3号所在の○○マンション7階　○○○号室　　床面積○○．○平方メートル

3．次男の甲野次郎には、自動車修理業を開業するに際し、2000万円を貸与してあるが、その返済を免除し、相続分をゼロとする。　2

4．長女の乙野梅子には、すでに結婚に際して、持参金として1000万円を与えているので、○○銀行○○支店の定期預金（口座番号○○－○○）から1000万円を相続させる。残余があれば甲野花子の相続分とする。

令和○○年○月○日

遺言者　　甲野　太郎　㊞

を支払うことを認めてもらうことが必要です。

〈こんな点にも注意を…〉

＊完全に公平でなくともよい

法定相続の場合でも、最終的には話し合い（遺産分割協議）で適当に受取り分や受領物を決めてよいように、絶対に正確でなければならないものではありません。配分が相当程度の公平さを持ち、相続人が納得できるものであれば十分です。

13 遺産に抵当権が付いているとき、債務弁済の指示と弁済の責任を注記した遺言書

この遺言を書く目的

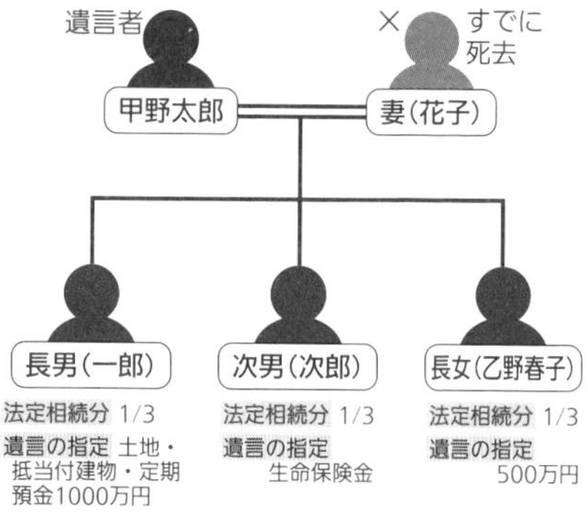

遺言者（被相続人）に債務があり、相続財産である不動産に抵当権など担保権がついている場合には、その担保つき不動産を誰が相続し、債務の負担をどのように負うかが問題となります。このことについて遺言で指示し、相続人の迷いを除くのがこの遺言の目的です。

書き方のポイント

1 担保のついている不動産を相続させる場合には、担保の原因となっている債務の扱いについて指示をしておくことが肝要です。

2 生命保険金（亡くなった本人受取りの契約では保険金は特定の受取人のものではなく相続財産となります）を相続人の一人に相続させたい場合には、遺言者は生前に受取人変更手続きをとっておくと争いを防げます。ただし、遺留分を侵害すると減殺請求されることがあります。

3 複雑なお金のやり取りがあるので、遺言執行者を指定しておく方がよいでしょう。

アドバイス

債務の相続については、各相続人が相続分に応じて債務を相続するというのが相続法の原則です。ただし、遺言で別の定めをしたときには、これが優先します（債権者の承諾は必要です）。本事例では、長男に土地建物を相続させるかわりに、これに付いている抵当権を抹消させる負担を負わせています。長男一人では債務を返済できない場合には他の相続人にも負担させ、その後に長男にその負担分を年払いで返させるように定めていますが、なかなか考えたやり方です。

注意点としては、遺留分に抵触するような指定になっていないか、指定以外の自動車や家財道具などの相続はどうするのか（遺産分割協議に任せてもよいのか）、墓地の管理・先祖の供養《くよう》といった祭祀《さいし》は誰が承継するのかといったところです。

書き方のポイント

遺　言　書

遺言者甲野太郎は、次の通り遺言する。

第1条　長男甲野一郎には、下記不動産を相続させる。

①　東京都○○区○○町○丁目○番地○号所在の土地建物

②　遺言者の名義の○○銀行○○支店の定期預金（口座番号○○－○○）全部

第2条　前記建物には、前記建物を改築した折りに、○○銀行○○支店から2000万円を借り受け、○○銀行の抵当権が設定されている。前条の定期預金が1000万円あるので、これと一郎自身の金で債務を支払い、抵当権を抹消すること。

第3条　次男の甲野次郎には、甲野太郎が受取人となっている生命保険金のすべてを相続させる。◀ 2

第4条　長女の乙野春子には、結婚する際に持参金等1000万円余を持たせたので、甲野太郎名義の○○信用金庫の普通預金（口座番号○○－○○）から500万円を相続させる。

第5条　長男甲野一郎が第2条の債務を支払えない場合には、次郎と春子が支払えない部分の債務を等分に負担すること。一郎は次郎と春子が負担した部分については、年賦払いで両名に返済すること。◀ 1

〈付言事項〉

私の願いは、くれぐれも相続を巡っての争いごとを起こさず、兄弟仲良くしてもらいたいことである。亡母もそれを願っているはず。

令和○○年○月○日

東京都○○市○○町丸丁目○番地○号

遺言者　　甲野　太郎　㊞

〈こんな点にも注意を…〉

＊特別受益にあたる贈与があればこれも考慮する

相続ではバランス、すなわち公平さが必要です。独立するための資金や結婚に際しての持参金など、生前贈与をしていた場合には、これを考慮した遺言をしないとバランスを欠くことになりますので、要注意。

14 前妻の子がいる場合に、後妻と子どもたちの受け取り分を公平に決めた遺言書

この遺言を書く目的

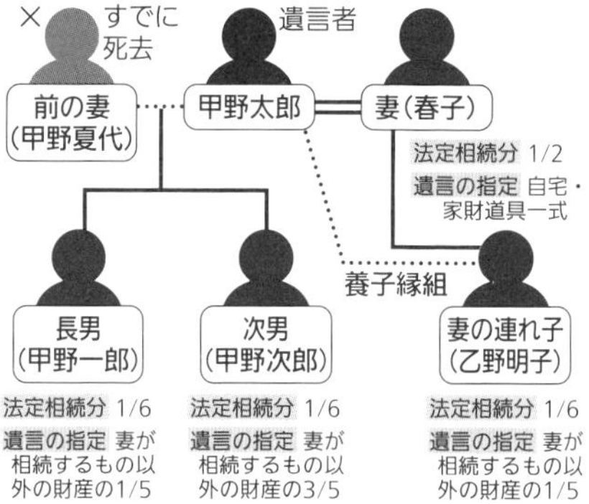

相続人が、前妻の子、後妻、後妻の子であるような場合には、往々にして相続をめぐって諍《いさか》いが起こりがちです。

このような場合には遺言を残しておくことが望ましく、内容もできるだけ実質的な公平をはかったものにしておくことが肝要です。

書き方のポイント

1 妻に対しては、現在住んでいる土地建物を譲り、他の相続人には、それ以外の財産の相続分を指定したユニークな遺言です。

2 妻以外の相続人間で相続分が異なるのは、長男と長女については、特別受益分を考慮して、公平さを保つようにしたからです。

3 末尾に〔付言〕が書かれていますが、これは遺言者の希望や願望を書いたもので、法的な効力はなく、あくまで道義に訴えるものです。

アドバイス

遺言がぜひとも必要なケースの一つが、前妻の子と後妻（後妻の子を含む）とが相続人となる場合です。現在住んで生活している土地建物は後妻に残してあげたいと誰しも考えます。問題はそこから起こります。

というのは、後妻が自宅を相続すると、その後に後妻が亡くなったとき、自宅は後妻の子のみが相続することになり、前妻の子との間に大きな差ができるからです。それに不動産は資産価値が大きいので、それだけで他の相続人の**遺留分《いりゅうぶん》**を侵害するおそれが強くなります。

遺留分権者は、遺留分を侵害された場合には、侵害された分の**支払請求《しはらいせいきゅう》**ができます。これは相続法で認めている正当な権利です。遺言者が妻以外の相続人の相続分を指定する場合には、最大限の配慮を払う必要があります。

〔1〕特定の子どもの受け取り分を多くしたい／全員公平にしたい

書き方のポイント

遺　言　書

遺言者甲野太郎の妻甲野春子は、亡くなった前の妻（甲野夏代）の子である長男の甲野一郎、次男の甲野次郎を、春子の連れ子である乙野明子（養子縁組を結び養女）と共に何ら分け隔てなく愛情を持って養育してくれた。このことに感謝し、以下のように遺言する。

1　妻甲野春子には、甲野太郎の所有する下記不動産、並びに家財道具一式を相続させる。 1

東京都○○市○○町○丁目○番地○号所在の宅地○○○．○平方メートル並びに前記同所所在の建物（家屋番号○○番）木造瓦葺居宅

床面積○○○．○平方メートル

2　1に記載した以外の財産（銀行預金、株券など）のうち、5分の1を長男一郎に、また養女乙野明子にも同じく5分の1を相続させる。 2

3　次男次郎には2に掲げた財産の5分の3を相続させる。

〔付　言〕

この遺言による配分の理由を記しておくと、長男の次郎には大学院まで進学させ、学資として600万円を支出しているから、また長女春子には、結婚する際に持参金として500万円を渡しているからで、次男三郎の割合が高いのは、今後大学進学などに費用がかかるからである。以上のことを十分理解して、相続を巡って争うことなく、仲良く生活を送ってしてほしい。 3

令和○○年○月○日

東京都○○市○○町丸丁目○番地○号

遺言者　　　甲野　太郎　㊞

遺留分権者に遺留分の放棄をしてもらっておけば、この種のトラブルは避けられます。これは相続開始前でも家庭裁判所に申し立ててできることになっています。

〈こんな点にも注意を…〉

＊特別受益を受けている相続人がいるときは

特別受益を受けている相続人がいるのに、これを無視した内容の遺言ではトラブルになりがちです。できるだけ相続人間で、公平になるように考慮して，相続分を指定する必要があります。

15 婚姻外の子がいる場合に、その子を認知して一定の金銭を相続させる遺言書

この遺言を書く目的

正式の結婚外でできた子を男親が自分の子として認める認知手続きは、市区町村役場に届出をするだけで、いつでも簡単にできます。生前にそれをするとトラブルになりそうな場合には、遺言によって認知することも認められており、この遺言はその一例です。

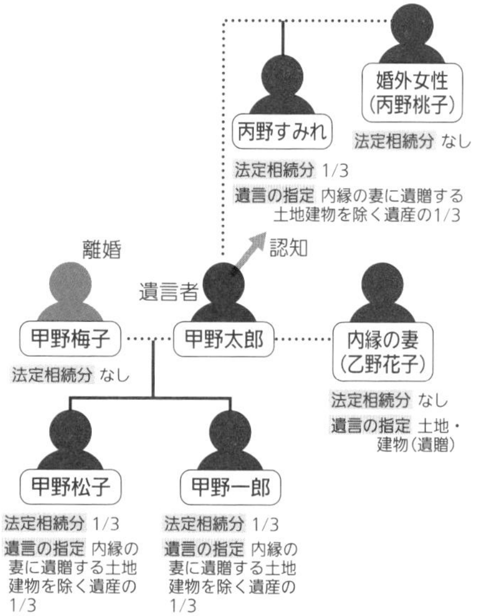

書き方のポイント

1 認知された子は非嫡出子《ひちゃくしゅつし》（正式の婚姻外の子）で、法定相続では長らく嫡出子《ちゃくしゅつし》（正式の婚姻でできた子）の相続分の半分とされてきましたが、法改正により現在は同等です。離婚後も元妻（甲野梅子）との間にできた子（松子、一郎）は嫡出子に違いありません。

2 遺言によって認知をする場合には、遺言執行者を指定しなければなりません。遺言執行者が遺言者に代わって認知の手続きを行ないます。

アドバイス

正式の結婚をしていない女性との間に生まれた子は、父親の**認知《にんち》**を受けないと、法律上の父子関係は生じず、相続権も発生しません。ただ、認知をすると、認知した旨が父親の戸籍に記載されますので、そのことが家族に知れるのを嫌がって認知を避けるケースもあります。しかし、**遺言認知《いごんにんち》**であればそのデメリットを避けることができます。

遺言による認知届出は、遺言者の本籍地の市区町村役場へ遺言執行者が、遺言書の謄本（複写）を添えて提出します。認知を受ける子が成年者の場合には、その子の承諾が必要です。遺言執行者は認知を受ける子の母親でもかまいませんが、本件のように不動産の所有権移転手続きも必要な場合には、弁護士などの専門家がよいでしょう。

書き方のポイント▼

遺　言　書

遺言者甲野太郎は、次の通り遺言する。

第1条　甲野太郎は、現在居住している別紙記載の土地建物を、内縁の妻である乙野花子に遺贈する。

第2条　丙野桃子の生んだ丙野すみれを認知する。丙野すみれには、前条記載の不動産を除いた財産の3分の1を相続させる。

第3条　10年前に離婚した元妻甲野梅子との間の子である甲野一郎と甲野松子には、第1条に記載した不動産を除いた財産のうち各3分の1を相続させる。

第4条　遺言執行者として、次の者を指定する。

東京都○○区○○町○丁目○番地○号　○○ビル○階○号室

弁護士　　丁野　五郎

遺言執行者には、丙野すみれの認知手続きをお願いすると共に、第1条記載の不動産につき所有権移転手続きをする権限を任せる。

第6条　遺言執行者に対する報酬は、○○万円とし、内縁の妻である乙野花子が支払うものとする。

〔付言事項〕

丙野すみれは、甲野太郎が甲野梅子と結婚する前に交際していた丙野桃子との間に生れた子である。最近になり、自分の子であることが判明したので認知することにした。

令和○○年○月○日

東京都○○区○○町○丁目○番地○号

遺言者　　甲野　太郎　㊞（別紙　省略）

1

2

こんな点にも注意を…

＊認知を放っておくと後でトラブルにも

遺言者の死亡後であっても、婚姻外で生れた子は、3年以内であれば認知請求の申立てをすることができます。相続手続きがすんだあとで認知が認められると、遺産分割のやり直しなど面倒なことになりかねません。

なお、非嫡出子の相続分が嫡出子と同等になったことにより（平成25年9月5日＝最高裁の相続分差別違憲判決の翌日以降の相続から）、遺言の訂正が必要になる場合もあるでしょう。

16 婚姻外の子がいる場合に、その子の取り分を嫡出子と同等にする遺言書

この遺言を書く目的

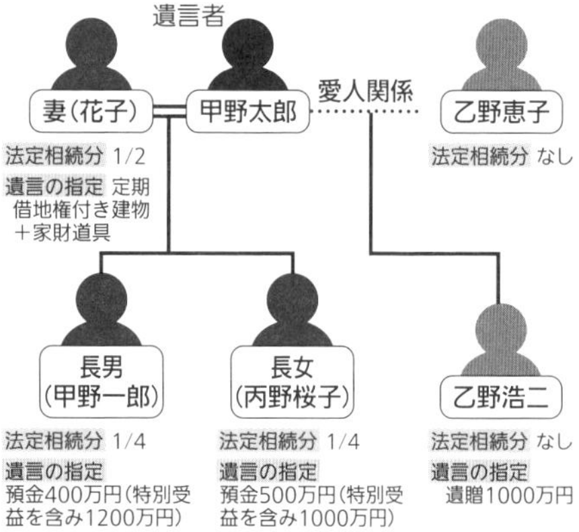

この遺言によって隠し子の存在を家族に打ち明けることで、死後に発生するトラブル発生の可能性を封じたのでしょう。

また、その子の認知をしないかわりに、嫡出子の相続分と同等の金額を受け取らせることで、父親としての配慮を示したものと推察されます。

書き方のポイント

1 以前は認知される子は非嫡出子ですから嫡出子の２分の１の相続分でしたが、現在は法改正により同等です。本例も他の子とほぼ同等に相続させることで紛争の予防をはかったのでしょう。

2 遺言者の死亡後に、認知請求の訴訟が起こされないとも限りません。おそらく話はついていることでしょうが、触れておくことも必要かと思われます。

3 遺言執行者の権限は明確にしてありますが、報酬についても明らかにしておいた方がよかったでしょう

アドバイス

非《ひ》嫡出《ちゃくしゅつ》子《し》の子どもとのトラブルを避けることが、この遺言の最大の目的となります。認《にん》知《ち》をしないまま遺言者（被相続人）が死亡した場合には、**死後認知（強制認知）**の請求を受ける可能性があります。

裁判所で認知請求が認められたときには、遺産分割が終了していたとしても、認知を認められた子は相続人に対して**相続回復請求権**を行使することができます（その場合には金銭による請求のみができる）。

金銭を与えて認知請求権を放棄させても、放棄の法律上の効力は認められません。そのため、生前によく話し合いをして、認知を請求しないことを納得してもらうことが必要です。他の子と遺産の受取り額を同じにすることも解決策の一つかもしれません。

遺　言　書

遺言者甲野太郎は、次のような遺言をする。

家族の皆には秘密にしていたのだが、平成○年から３年間、北海道に単身赴任していた際に、乙野恵子との間に生まれた隠し子乙野浩二がいることを告白する。死後にトラブルが起こらないよう認知はしないが、以下の通りを本遺言書によって定める。

1．妻の花子には、現在住んでいる定期借地権付きの建物（東京都○○市○○町丸丁目○番地○号所在家屋番号○○－３）並びに家財道具一式を相続させる。

2．長女の丙野桜子には、結婚に際して支度金・持参金として500万円渡してあるので、遺言者の名義である○○銀行○支店の普通口座（口座番号○○）から金500万円を相続させる。

3．長男の甲野一郎には、大学の医学部入学時の学資として800万円を出しているので、前記○○銀行の普通口座から、金400万円を相続させる。

4．北海道に住んでいる乙野浩二は、これから大学進学を控えていることなどを考慮して、私名義の○○信用金庫の定期預金（口座番号○○－○○）から1000万円を遺贈する。浩二を他の子と同等に遇する私の意を汲み、また、他の家族の心情をおもんばかり、これをもって浩二からは認知の訴えをしないことを望む。

5．その他の財産は妻花子に相続させる。

6．遺言執行者として長年教師をしてきた弟の甲野正義を指定する。遺言執行者には、私名義の預貯金の名義変更及び払戻しの一切の権限を与える。

令和○○年○月○日

東京都○○市○○町○丁目○番地○号

遺言者　　甲野　太郎　㊞

書き方のポイント

1

2

3

こんな点にも注意を…

＊死後認知の効果と認知請求権の放棄

認知が認められれば法律上の親子関係が発生しますが、具体的には子の側が相続権を取得することが主な効果です（父親として認知しても親権は当然には取得しません）。いくら金銭を与えても、認知請求権の放棄を強制することはできません。

17 借金がある場合に相続人の負担する割合を指定する遺言書

この遺言を書く目的

債務を法定相続分どおりに負担させることは、収入のない妻に過大な負担を背負わせることになります。大きな生前贈与を受けた特別受益者がいるとき、その受益者が債務を多く負担する手当てを遺言によって定め、結果としてできるだけ公平な負担になるようにしています

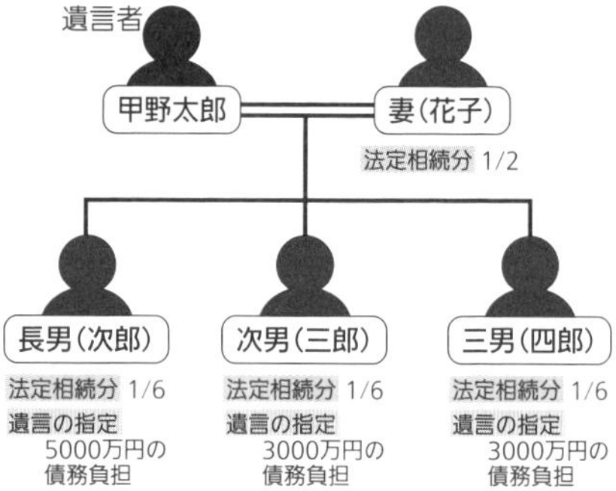

書き方のポイント

1 債務の相続では、相続人は法定相続分に従い債務を負担するのが原則ですが、特別受益者がいる場合に受益分を加味した負担割合を定めるのも一つの方法です。

ただし債権者の承諾がなければ勝手な変更はできませんので、債権者との交渉が必要です。

2 抵当権付きの不動産を処分する場合には、先に抵当権の抹消手続きを行なうことが必要です。これについても触れておくとよいでしょう。

アドバイス

借金などの債務は遺産分割の対象にもなっていませんし、債務者が死亡し相続が開始すると同時に、法定相続分に従って相続人に承継されるものです（通常、債務は遺産のプラス分で処理されます）。

したがって、遺言によって債務の負担割合を指定しても、債権者に対する関係では、対抗することができません。もちろん、債権者が承諾してくれれば、遺言の趣旨を活かすことはできますが、それも債権者との交渉次第です。

債権者も、確実な返済見込みが確認できれば、いたずらに反対をすることもないでしょう。債権者には、念書を差し入れるとか、他の不動産に抵当権を差し換えるなどの条件を提示して、遺言に従った債務負担の方法を納得してもらうとよいでしょう。このような難しい交渉を伴うケースでは、弁護士に遺言執行者をまかせるのもよい方法です。

書き方のポイント

遺　言　書

今般、遺言者甲野太郎は、大きな赤字を抱えたため○○商店の経営から退くこととなった。現住する土地建物（東京都○○区○○町○丁目○番地○号所在　時価１億円相当）には、約8000万円の抵当権が付いている。抵当権の付いていない債務総額も１億円近くある。そのため、次のような遺言をする。

第１条　長男の甲野次郎には、独立に際して独立資金として6000万円を与えているので、5000万円の負債の責任を負うと共に、母である甲野花子を引き取り、扶養してもらいたい。

第２条　次男の甲野三郎は、歯医者として医院を営んでいるが、大学の歯学部を卒業するまでに4000万円相当の学資を費やした。三郎には債務のうち3000万円を負担してもらいたい。

第３条　三男の甲野四郎は、飛行機のパイロットをしているが、四郎にも学資として約2000万円、結婚に際しても1000万円を与えている。四郎にも債務のうち3000万円負担してほしい。

1

第４条　前記現住する土地建物は処分して債務の返済にあて、不足分は私名義の○○銀行の定期預金（口座番号○○－○○○○）および各人の負担分から返済してほしい。これらの手続き及び債権者との交渉は長男の太郎に担ってほしい。

2

〔付　言〕皆に多大な負担をかけ、不甲斐ない父親で申し訳ない。親子兄弟助け合って仲良く生活してほしい。

令和○○年○月○日

東京都○○市○○町○丁目○番地○号
遺言者　　甲野　太郎　㊞

こんな点にも注意を…

＊最悪の場合には相続放棄も

遺言で指示した通りには債務を返済しきれないこともあり得ます。どうしても債務の返済が不可能な場合には、まったく相続をしない相続放棄（次項で解説）をするように促すことも視野に入れておくべきです。

18 明らかに借金の方が多い場合に相続人全員に相続放棄を促す遺言書

この遺言を書く目的

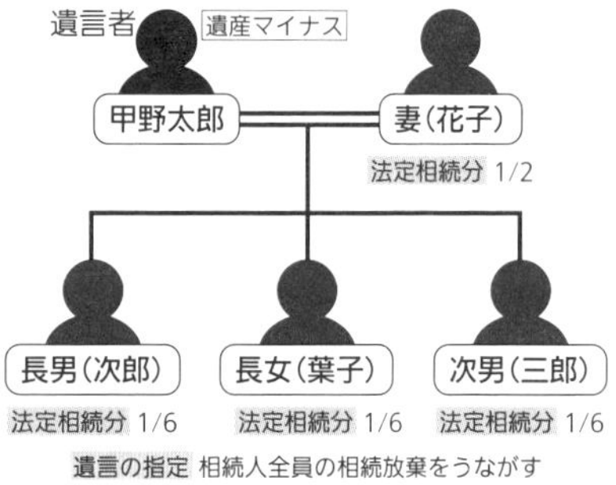

相続財産のうち借金など債務の方が多い場合には、何もしないと相続人全員がその債務を背負わされることになります（借金債務も相続されるものの一つです）。相続人が親の借金から解放されるように、本事例では相続放棄をするように促しています。

書き方のポイント

1 遺言者が趣味で集めていたような物を相続人に譲る場合には、相続というよりも「形見分け」と表記してもよいでしょう。ただ、言葉は「形見分け」としても、売ればお金になるような物品は相続財産として遺産分割の対象とされますし、これを受け取った相続人は相続を承認したものとして放棄が許されなくなる危険があります。

2 プラスの財産よりマイナスの財産の方が多い場合には、マイナス財産すなわち債務を相続することになります。これを避ける手段が相続放棄です。

3 祭祀《さいし》財産《ざいさん》は、相続財産とは区別して扱われます。祭祀財産は相続放棄の対象とはなりません。逆に言えば祭祀財産を受け取っても相続を承認したことにはなりません。

アドバイス

プラスの財産もあるがマイナスの財産もあるという場合には、ブラスの財産の限度でマイナス分も相続する**限定承認**の制度があります。明らかに債務の方が多い場合には、これを免れるためには**相続放棄**しかありません。

相続放棄の手続きは、相続人が自分のために相続が開始したことを知ったときから３か月以内（限定承認の手続きも同じ）に、家庭裁判所に対して相続放棄の申述《しんじゅつ》をして行ないます。相続放棄が認められると、その相続人が相続するはずだった相続分は他の共同相続人のところに行き、共同相続人がいなければ次の順位の相続人（子全員が放棄すると、その分は①被相続人の親⇒②兄弟姉妹の順）に承継されます。債務のお鉢が回ってくる人に対しては相続放棄をする旨を伝えておくべきです。

書き方のポイント▼

遺　言　書

遺言者甲野太郎は、わが家の経済事情を踏まえて、悩んだ末、以下の通り遺言する。

1．現在居住している東京都◯◯市◯◯町◯丁目◯番地◯号◯号室のアパートの借家権は、妻甲野花子に相続させる。

2．長男甲野次郎には、祖父の代から受け継いでいる刀一振り（◯◯作）を形見分けとして相続させる。

3．本の好きな長女の葉子には、長年私のため込んだ蔵書のすべてを形見分けとして相続させる。

4．釣りの好きな次男の三郎には、私が長年愛用してきた釣り道具一式を形見分けとして相続させる。 （1）

5．私甲野太郎は、10年前から大病を患い、２度の大手術と８年に及ぶ入院生活のため、資産らしい物は売り尽くし、残っているのは借金だけという始末である。これまで、皆に助けてきてもらったのに何も財産らしき物を残してやれないのはつらい限りである。それどころか大きな借金を残す羽目になった。各自が受け取ったものでは到底おぎなえない額なので、前項までの指定にかかわらず、相続人全員、相続放棄をして借金の責任を負わずにすむようにしてほしい。 （2）

6．祭祀財産については、長男の次郎に承継させる。これだけはしっかり受け継ぎ、先祖の供養をしてほしい。 （3）

令和◯◯年◯月◯日

東京都◯◯市◯◯町◯丁目◯番地◯号
遺言者　　甲野　太郎　㊞

こんな点にも注意を…

＊相続放棄は相続人全員がする

相続放棄をすると、その相続人は最初から相続人でなかったことになり、その相続分は他の相続人に振り分けられることになります。相続人全員が債務の負担から免れるためには、相続人全員が相続放棄をすることが必要です。

なお、相続放棄については、代襲相続《だいしゅうそうぞく》（子が代わりに相続する）が認められていませんので、相続人の子にまで債務の負担が及ぶ心配はありません。

19 一度書いた遺言書を、あとになって全部取り消す場合の遺言書

この遺言を書く目的

時間がたつにつれて、遺言書を書いた当時から状況が大幅に変わることがあります（相続人となるはずだった者の死亡など）。また、遺言者の気持ちの変化もあるかもしれません。そのようなとき、遺言は何度でも作り替えることが可能です。ただ、紛争の種にはならないように注意してください。

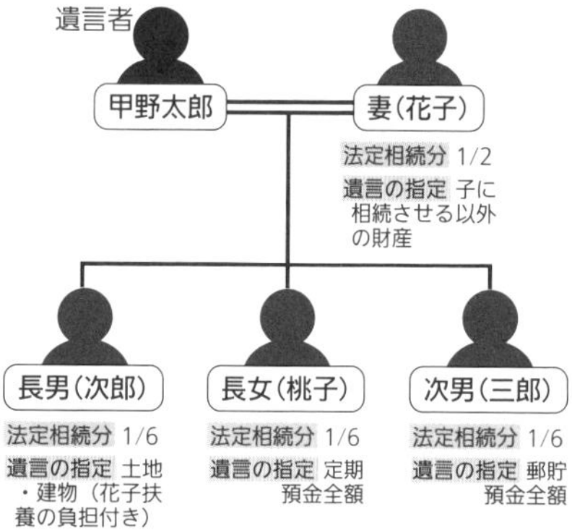

書き方のポイント

1 遺言者の死後に複数の遺言書が発見された場合には、抵触する（相容れない）部分について後に作成された遺言書の条項が有効というのが法律の規定です。本例では抵触部分を探り出す作業でモメないよう、古い遺言書をすべて撤回する条項を入れています。

2 古い遺言書と新しい遺言書の内容が異なるということは、前後で損得の入れ替わりが生じて争いになるおそれがありますので、遺言執行者を指定しておき、問題の解決をはかるべきでしょう。

アドバイス

遺言は遺言者が死亡して初めて効力が発生するものです。効力が発生する前であれば、その遺言に遺言者が拘束されることはありませんので、いつでも遺言の内容を変更したり、撤回することもできます。

新しく遺言書を作成しなくても遺言書が撤回されたものとされることがあります。①遺言者が遺言書を破棄した場合、②遺言書に記載した目的物を生前に処分した場合、③同様にその目的物を故意に破棄した場合、です。

前の遺言書と抵触する遺言が作成されたときは、抵触する部分は撤回されたものと見なされます。なお、遺言によって財産を相続するはずであった相続人が、遺言者より先に死亡した場合には、その部分については遺言がなかったことになります。

書き方のポイント

遺　言　書

遺言者は、平成◯◯年◯月◯日に遺言書を作成し、友人の乙野春男に預けていたが、遺言の全部を撤回し、改めて次の通り遺言する。 1

第１条　遺言者は、所有する下記の土地、建物を、長男の甲野次郎に相続させる。

土地　東京都◯◯市◯◯町◯丁目◯番◯号所在の宅地◯◯㎡

建物　上記住所に建っている家屋　家屋番号◯◯　床面積◯◯㎡

第２条　長女の桃子には、遺言者名義の◯◯銀行◯◯支店定期預金（口座番号◯◯−◯◯）の全てを相続させる。

第３条　次男の甲野三郎には、遺言書名義の郵貯銀行の普通預金（口座番号◯◯−◯◯）の全てを相続させる。

第４条　遺言者は、前３条に記載した以外の全ての財産を妻の甲野花子に相続させる。

第５条　長男の甲野次郎は、遺言者の死亡後は、妻花子を引き取って生活の面倒をみること。

第６条　お墓、墓地、祭壇等の祭祀財産については、長男の甲野次郎を祭祀承継者として指定する。

第７条　遺言執行者として、遺言者の兄である甲野良雄を指定する。遺言執行者には、遺言者名義の預貯金の名義書換え、解約、払戻の権限を与える。◀ 2

令和◯◯年◯月◯日

遺言者　　甲野　太郎　㊞

もちろん、新しく作成する遺言書も、相続法で規定する遺言の方式に従わねばなりませんが、同一の方式である必要はありません。公正証書による遺言を自筆証書遺言によって取り消すことも可能なのです。

こんな点にも注意を…

＊遺言書の保管には注意する

遺言の保管には注意を払いましょう。古い遺言書が発見され、新しい遺言書が未発見だと、古い遺言書のとおりに相続が行なわれます。遺言執行者が身近な人の場合には、遺言執行者に預けるのも一つの方法です。

20 事情が変更したため遺言の一部を取り消し変更する場合の遺言書

この遺言を書く目的

遺言書を作成したあとになって、状況が変わることはよくあることです。相続するはずであった相続人が死亡した、相続財産が焼失したなどがそうです。

この事例では、あてにしていた養子が見込み違いだったので縁組を解消し、財産を譲る旨を記した遺言も書き改める必要が生じています。なお、遺言全部を書き換えるほどではない場合、一部のみ変更することも可能です。

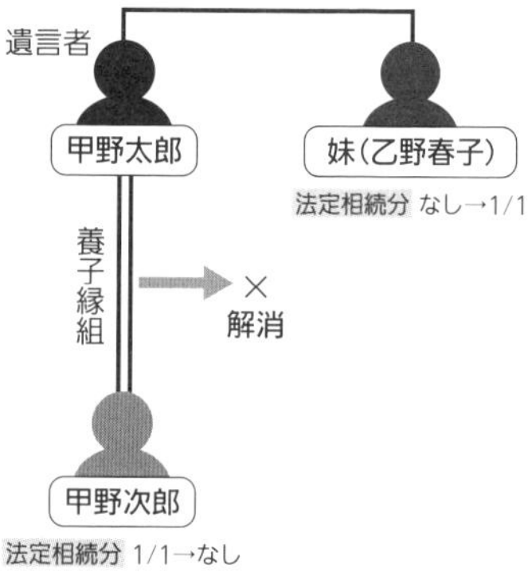

書き方のポイント

1 前に作成した遺言書の全部を変更することも、また本事例のように一部を変更することもできます。

ただ、一部変更の場合には、どの部分を、どのように変更するかが明示されていないとトラブルの種となりますので注意が必要です。

2 遺言の内容を変更ではなく撤回《てっかい》（その件については指定なし）とすることも可能です。撤回した部分について新たな指定がない場合には、その部分については法定相続となります。

3 作成済みの遺言の１個所だけではなく、数個所を変更することもできます。ただ、数個所の変更となると、どの部分が、どのように変更となるのが紛らわしくなり、争いの元となりかねませんので、このような場合には、遺言の全部を撤回した上で、新しく遺言書を作成することをおすすめします。

アドバイス

前の遺言書の一部だけを取り消して、その部分について新しく遺言する場合に大事なことは、前の遺言のどの部分を変更するかを明確にしておくことです。曖昧《あいまい》な部分が残ると争いの種になりかねません。

書き方のポイント ▼

遺　言　書

遺言者甲野太郎は、平成〇〇年〇月〇日に、公正証書による遺言書を作成した。しかし、今日に至って状況が変わってきたので、公正証書遺言の一部を、以下のように変更する。

前記遺言書では、独り暮らしをしている遺言者の面倒をみるという約束で甲野次郎と養子縁組を結び、都道府県市区町村番地に所在する土地及び家屋のすべてを甲野次郎に相続させることにし、前記遺言書の第１条にその旨を書き記した。

ところが、その後、甲野次郎の行状が余りにもひどく、遺言者との口喧嘩も耐えない状態となる始末で、結局、養子縁組を解消することになった。

前記遺言書の第一条は、「遺言者の所有する都道府県市区町村番地に所在する土地及び建物は、妹の乙野春子に相続させる」と改める。

1

令和〇〇年〇月〇日

都道府県市区町村番地
遺言者　　甲野　太郎　㊞

相続法では、**前の遺言と後の遺言が抵触する場合には、抵触する部分は後の遺言が優先する**ことになっています。仮に遺言書にどこをどう変更したのか曖昧な部分があったとしても、後の遺言を優先させることで決着には至れるでしょう。

なお、前例でも触れましたが、前の遺言書が公正証書遺言であったからといって、後で変更する遺言も公正証書遺言にする必要はありません。相続法で定められた方式に従った遺言書であればよいのです。

〈こんな点にも注意を…〉

＊遺言に書いた当時より財産が増えた

遺言で相続させるはずであった農地が、土地収容の対象となり、補償金がはいってきた、あるいは相続させる店舗の支店ができたなど、前の遺言書に追加する場合にも、遺言書の一部変更となります。

★事業を跡継ぎの子に無事に継がせるための遺言の書き方

株式会社の事業承継／合同会社の事業承継／農業の承継／「看板」の承継…など

◎事業は一緒にやっている子に継がせたい

事業の相続は、事業形態が会社組織か個人事業かで異なります。

①個人事業の承継⇒事業用資産の相続

個人事業の場合、事業に関する一切の財産を相続させることになります。問題になるのは、後継者に事業関係の資産を全部相続させると、他の相続人に相続させる遺産がなく、不満が出るからです。とくに、⑴事業に家族の数人がからんでいる場合、⑵事業用の資産以外にこれといった資産がない場合には、紛争を防止するために、遺言をぜひ残したいケースです。

②株式会社の承継⇒株の相続

株式会社の場合、後継者に**株式**（いわゆる株）を相続させることで、会社を承継させることができます。この場合も、個人事業の承継と同様に問題となるのは、⑴会社に相続人の数人が関係している場合、⑵財産のほとんどが会社の株式である場合です。⑴の場合は、後継者を誰にするかも決めて遺言をする必要があり、⑵の場合は、会社の株式を相続できない相続人から不満が出ることもあるでしょう。こうした場合は、遺言に付言事項として、遺言をした理由を書いておくのもよいでしょう。

◎事業を承継させる遺言で注意したいこと

① **誰に継がせるか**…相続人のうちで、すでに事業を一緒にしたりして後継者が決まっている場合は、個人事業であれば事業用資産、株式会社であれば株を、その相続人に相続させることになります。

しかし、事業を複数の推定相続人（相続人予定者）と一緒にやっている場合や、相続人でない人に継がせようと思っている場合は、どうするかが

◆事業承継と遺言		
事　業	承継財産	備　　考
個人事業	事業用資産一切	個人事業の財産は事業主のものであり、承継者は事業用資産を相続することになる。
株式会社	株（会社財産は会社に属する）	株を相続させることで、その相続人は会社を支配することができる。
持分会社	持分（出資金）	持分会社には、合同会社、合資会社、合名会社がある。持分の相続では、定款で持分の承継を認める規定があることが必要。

問題となります。事業の承継を一人にするか複数にするか、第三者にするかの決断をしなければなりません。

② **どのような方法で継がせるか**…会社の承継は、個人事業の承継では事業主の事業用資産を相続させることにより、株式会社の場合には株を相続させることにより行います。また、相続人でない第三者への会社の承継は、**遺贈**《いぞう》（あるいはその人への売却）により行うことができます。

◎遺言を書くときに注意すること

遺言を書く場合にもっとも頭を悩ますのは、相続人の**遺留分**《いりゅうぶん》の問題です。遺言により遺留分を侵害しても遺言が無効になることはありませんが、侵害された相続人が遺留分の侵害額請求《しんがいがくせいきゅう》をしてトラブルとなることがあります。

とくに、遺言者の財産が事業に関する財産しかないといった場合には問題となります。こうした場合には、会社を承継する者から承継しない者に**代償**《だいしょう》**金**《きん》を払わせたり、付言事項として「遺留分侵害額の支払請求をしないように」といった記載をするなどの配慮が必要でしょう。

とにかく、事業の承継では、骨肉の争いとなりかねません。トラブルを避けるには、遺言書に**遺言執行者**《いごんしっこうしゃ》の指定をしておくのがよいでしょう。

さらに、税金のことを考慮しておくことも必要です。事業の承継では、事業が順調であれば、多額の税金がかかることもあります。事業は承継したが税金が払えない、などといった悲劇が起きないよう配慮が必要です。そのためには、事業資産がどれくらいで、その相続税はいくらぐらいかの大まかな把握はしておきましょう。そして、必要があれば、税理士などとも相談して、相続税対策も考えるとよいでしょう。

1 事業を継ぐ子と継がない子の争いを避けるため分配法を指定した遺言書

この遺言を書く目的

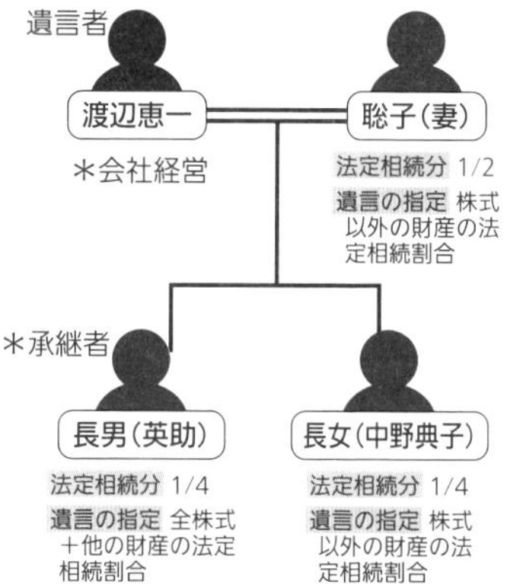

渡辺恵一さんは、妻（聡子さん）と、長男（英助さん）の家族３人との合計５人暮らしです。長男は恵一さんが経営する株式会社渡辺商事の取締役です。恵一さんには、他に長女の典子さんがいます。

そこで、恵一さんは、自分の会社を長男の英助さんに継がせるため、その旨の遺言をしたいと思っています。

書き方のポイント

本例は、自分（遺言者）の死後に長男に会社（株式会社）を承継させる簡単な遺言の文例です。

1 株式会社の承継は、株を相続させることによって行われます。したがって、遺言者は自分の株式を相続させる旨の記載をすることになります。記載中に、「私所有の株式会社渡辺商事の株式○○株について、全株式」とし、長男に相続させる株式を特定します。

2 条項２は、株式以外の遺言者の財産について、長男を含めて相続人に法定相続分の割合で相続させるというものです。遺言者が会社に貸し付けているもの（たとえば会社への貸付金や会社に賃貸している遺言者所有のビル）がある場合は、後継者一人に相続させる方が権利関係が複雑化せず、会社経営の見地からは望ましいでしょう。

3 長男への株式の相続が遺留分を侵害することになる場合を考慮して、条項３のような付言条項を入れるておくとよいでしょう。

アドバイス

① 遺言がないと、株式を含む全財産が遺産分割の対象となり、相続人全員の話合いによる遺産分割協議により株式の所有者も決まります。そのため、遺言がない場合、会社の承継がらみの争いはけっこう多いのです。事業承継においては、こうした争いを

遺　言　書

私は、次のとおり遺言する。

1　私所有の株式会社渡辺商事の株式○○株について、全株式を長男の英助に相続させる。

2　その他の財産については、妻の聡子、長男の英助、長女の中野典子に法定相続分の割合で相続させる。

3　長男英助の相続分が遺留分を侵害することになっても、他の相続人は侵害額の支払請求をしないようにお願いする。

令和○○年○月○日

遺言者　　渡辺恵一　㊞

書き方のポイント ▼

1

2

3

防ぐためにも遺言をしておくのがベターです。なお、株式を相続した者が会社で経営権を持つには、株主総会で取締役に選任され、取締役会において代表取締役に選任されることが必要ですが、株の過半数を取得できれば当然に可能なことです。

②　株式の相続では、株式の評価額は一定しませんので、相続額が確定しているわけではありません。遺言書を書く時点での株価が、遺言者の死亡時には大幅に下落しているということもあります。死亡時以後はしかたないとしても、生前には、遺言を書いたあとも株価の動向に気をつけ、場合によっては書き換えるなどの配慮も必要です。

③　会社の承継がらみの相続は、トラブルとなりやすいケースの最たるものです。トラブルを避けるためには、遺言を書くと同時に、（とくに問題がなければ）あらかじめ遺言の内容を相続人となる者（推定相続人）たちに知らせておくのもよいでしょう。事業（とりわけ家業といえるような小規模な会社経営）の維持のためには、経営資源の集中が不可欠であることについて後継者以外の相続人も心から納得できるよう、遺言者自身が常々言葉で説得するのです。また、事前に弁護士などと相談して、遺言書の中に遺言執行者を指定しておくのがよいでしょう。

〈こんな点にも注意を…〉

会社を相続人のうちの１人だけに相続させたい場合には、遺留分を侵害する問題が生じます。遺留分を侵害しそうだったら、本書式３項のような付帯事項を記載しておくとよいでしょう。なお、被相続人（遺言者）を助けて会社を一緒に切り盛りしていた後継者（相続人）には寄与分があります（寄与分⇒42ページ参照）。

2 合同会社を後継者に承継させる遺言書

この遺言を書く目的

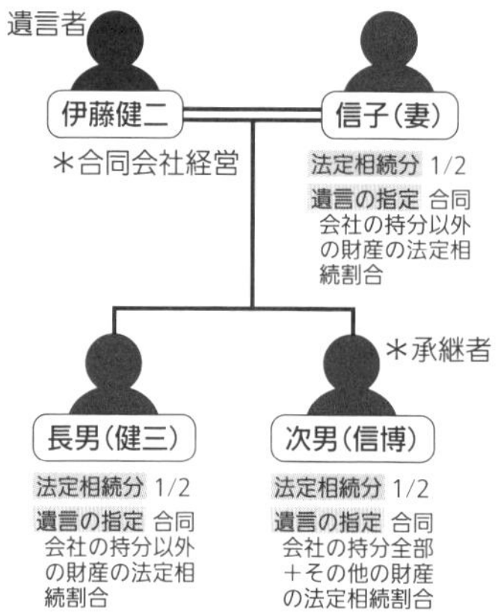

伊藤健二さんは、妻（信子）との２人暮らし。合同会社東京技術の代表です。健二さんには長男（健三さん）と次男（信博さん）がいますが、次男が合同会社東京技術の従業員として働いています。

伊藤さんは、次男の信博さんに合同会社を承継させる遺言を書きたいと思っています。

書き方のポイント

本例は、次男に合同会社の持分の全部を相続させ、合同会社を承継させる例です。合同会社の社員は出資金に応じて持分を持っていますので、合同会社の承継はこの持分を相続させることにより行います。ただし、相続による持分の承継を認められるのは、定款に定めがある場合です（後述）。

1 次男に合同会社東京技術の持分の全部を相続させ、合同会社を譲ることとし、遺言書にも「持分の全額を次男へ相続させる」として、相続財産を特定します。

2 条項２は、その他の残産について、法定相続分の割合により相続させるとする内容です。次男は、合同会社東京技術の持分の相続に加えて、その他の財産についても法定相続分の割合で相続することになります。

◆合同会社の承継

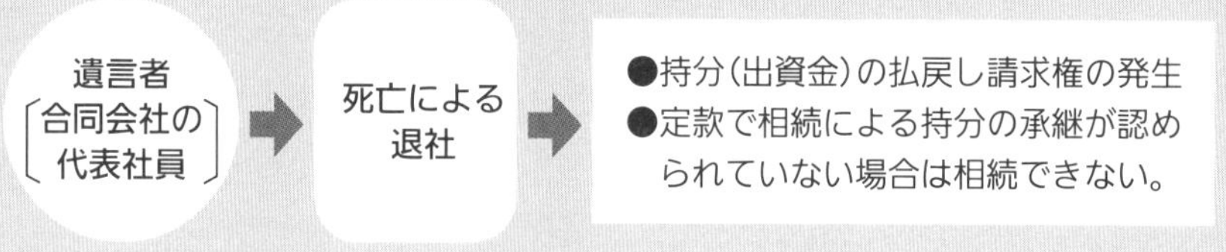

遺　言　書

私は、次のとおり遺言する。
1　私の遺産のうち、合同会社東京技術の持分の全部について、次男の信博に相続させる。
2　その他の財産については、妻の信子、長男の健三、次男の信博に法定相続分の割合により相続をさせる。
3　次男の信博の相続分が遺留分を侵害することになっても、他の相続人は遺留分侵害額の支払請求をしないことをお願いする。
令和○○年○月○日

遺言者　伊藤健二　㊞

書き方のポイント▼ 1 2 3

アドバイス

合同会社の持分の相続では、原則として、社員の死亡によりその者の持分が相続人に即座に承継されるわけではなく、死亡による退社を原因とした持分の払戻し請求権を承継するに過ぎないとされています。そのため、相続人が業務を執行する社員の持分の相続（譲渡）を受けて社員となるためには、他の社員全員の同意が必要です。ただし、定款で別段の定めをすることができます。以下のような条項が定款にある場合は、後継者の相続人に相続させることが可能です。

第○○条（相続及び合併の場合の特則）
社員が死亡した場合又は合併により消滅した場合においては、当該社員の相続人その他の一般承継人が当該社員の持分を承継する。

〈こんな点にも注意を…〉

合同会社の社員が死亡した場合、その社員の持分が相続人に相続されるわけではなく、退社を原因とした持分の払込請求権を相続するにすぎないとされています。ただし、定款で、社員の死亡の場合にその相続人が承継する旨の定めがあれば別です。遺言を書く前に、まず、定款がどうなっているのか確認してください。

場合によっては、定款の変更をしなければなりません。

3 農業を行なっている後継者に農業用資産を相続させる遺言書

この遺言を書く目的

山本耕作さんは、妻（朝子さん）と二男（良治さん）の家族と一緒に住み、良治さんと農業を行っています。長男（隆司さん）は家を出て都会で家族を持っています。

耕作さんは、一緒に農業を行っている良治さんに農家の後継者として農業に関する一切の財産を相続させる遺言を書きたいと思っています。

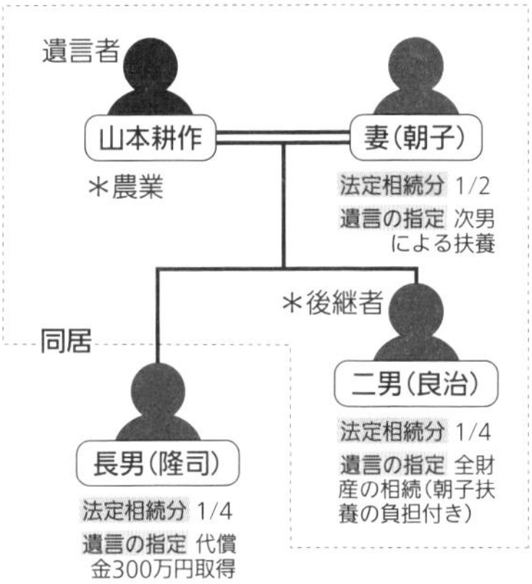

書き方のポイント

本例は、農業を一緒にやっている二男に全遺産を相続させることとし、妻（二男の母）を扶養し生涯面倒をみることと長男に代償金を支払うことの負担を課した例です。

1 二男に自宅や農地、その他の農業用機具、預貯金、負債などの全財産を相続させる内容です。

2 全遺産を二男に相続させるための負担（代償）についての条項です。

3 遺留分を侵害した場合にも侵害額の支払請求をしないでほしいと、妻および長男に頼む付言です。

◆農業の承継と遺言

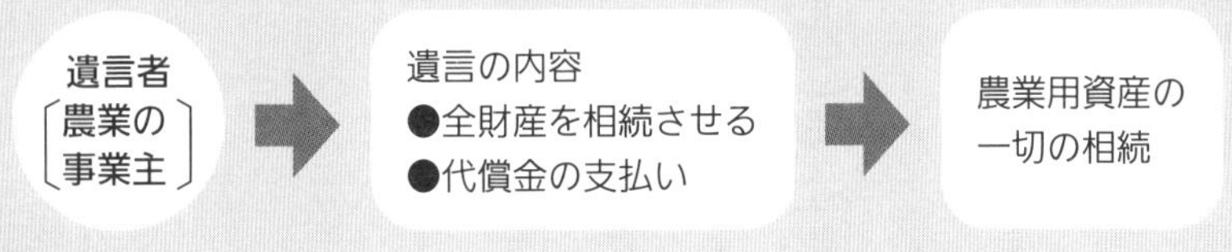

アドバイス

① 農業用資産の目録を作り、その目録に掲載されたものを相続させるという方法もありますが、これだと大変な作業となります。本例が簡明です。

書き方のポイント ▼

遺　言　書

私は、次のとおり遺言する。

１　私の全財産を農業を継いでくれている次男の良治に相続させる。 …… 1

２　次男の良治が上記のとおり全財産を相続したときには、その代償として、次の義務を負担する。

⑴　妻の朝子を扶養し、かつ、生涯その面倒をみること。 …… 2

⑵　長男の隆司には、代償金300万円を支払うこと。

３　妻花子および長男の隆司は、遺留分の侵害があったとしても、支払請求をしないようにお願いする。 …… 3

令和○○年○月○日

遺言者　　山本耕作　㊞

②　農業を一緒に行っていた二男には寄与分《きよぶん》があります。寄与分は財産の蓄積・維持などの貢献の度合いで決まりますが、農業を一緒に行っていた後継者の寄与分は遺産の２～３割が多いようです。寄与分⇒42ページ参照

③　本例の場合、妻の遺留分《いりゅうぶん》は全遺産から寄与分を差し引いた額の４分の１、長男は８分の１となります。妻や長男はこの遺留分を侵害しているなら、二男に対して侵害分の減殺《げんさい》（取戻し）請求ができます。こうしたトラブルを避けるために、条項２の⑴、⑵で定めたような代償措置を次男に課しているわけですが、さらに条項３のような付言を記載しておくとよいでしょう。

こんな点にも注意を…

農業資産（田畑など）が相続により分散すれば農業ができなくなるので後継者に集中させなければなりませんが、最近では生前贈与により農業用資産を後継者に移すケースも多いようです。しかし、生前贈与分は受贈者の特別受益となり、相続時には相続財産に戻して各相続人の遺留分額を計算します。したがって生前贈与では、相続開始時には遺産がなくなっていても、贈与を受けていない相続人の遺留分は贈与前の財産額をベースとして計算されるわけです。遺言でも侵害された遺留分の取戻し（減殺）を禁じることはできませんので、遺留分侵害の問題は残ります。

4 個人商店を一緒にやっている長女に継がせる遺言書

この遺言を書く目的

中村俊也さんは、妻（英子さん）と長女（彩子さん＝未婚）の家族３人暮らしです。自宅の２階に住み、１階は店舗で小規模な中村スーパー（会社ではなく個人事業）を経営しています。子は長女のほか、二女（田口洋子さん）がいますが、嫁いで別に家族を持っています。

俊也さんは、中村スーパーを手伝っている長女の行く末を考えて、この店を長女に残す遺言を書きたいと思っています。

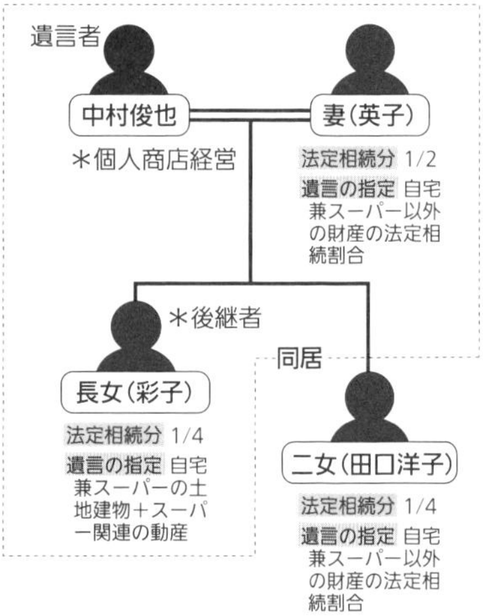

書き方のポイント

本例は、長女に個人事業のスーパー関連の財産を相続させる遺言です。

1 長女に相続させる遺産の特定が大切です。本遺言では、不動産とその他の動産に分け、動産については細かく特定せずに、「スーパーの事業関連の動産につき一切」としました。

2 本例は、長女に遺言者の妻の面倒を生涯みることを要望しています。要望ですので法的な効力はありませんが、「…を負担する。」という表記となると、その相続が負担つきとなり、法的な負担義務が発生します。

3 条項３は、遺留分を侵害した場合に支払請求をしないでほしいと頼む付言です。

アドバイス

① 株式会社では株式が相続の対象となるのに対して、個人事業はあくまで事業資産のすべてが個人の財産です。それゆえに、個人事業の場合には、個人（遺言者本人）に多額の負債（借金）があることも考えられますので注意が必要です。その額は遺言後に変動することもあります。

② また、個人商店などでは、店舗のある土地や家屋が唯一の財産である場合も多く、

書き方のポイント

遺　言　書

私は、次のとおり遺言する。

1　私の遺産のうち、自宅兼中村スーパーの所在する下記の土地・建物および中村スーパーの事業関連の動産につき一切を長女の彩子に相続させる。 **1**

一　土地の表示　〇〇県〇〇市〇〇町〇〇　地番2番地

二　建物の表示　〇〇県〇〇市〇〇町〇〇番　家屋番号 〇〇番

なお、できれば長女彩子は妻英子の面倒を生涯みてほしい。 **2**

2　上記以外の財産については、妻英子、長女彩子、二女田口洋子に法定相続分の割合で相続させる。

3　妻の花子および二女の田口洋子は、遺留分の侵害があったとしても、支払請求をしないようにお願いする。 **3**

令和〇〇年〇月〇日

遺言者　　中村俊也　㊞

これをすべて相続人の１人に譲る遺言をすると他の相続人の**遺《い》留分《りゅうぶん》**を侵害することになります。

こうした場合、他の相続人に代償金を支払うか、店舗のある不動産を処分して分けるしかない場合もありますので、遺言するときに資産状況を十分に調べ、把握しておくことが必要です。

こんな点にも注意を…

個人事業の相続も、トラブルとなる可能性が高い事例です。個人事業では、店舗の不動産以外には預貯金などの財産がない場合があるからです。そうした場合、相続人間で争いとなれば、店舗不動産の処分ということになりかねません。それでは事業の維持ができなくなってしまいます。

こうしたことがないように、遺言で財産を譲るだけではなく、生前から時間的な余裕をもって後継者への生前贈与と他の相続人予定者への代償措置を行なう方法も検討する必要があります。

5 家元などの無形の資産（看板）を相続させる場合の遺言書

この遺言を書く目的

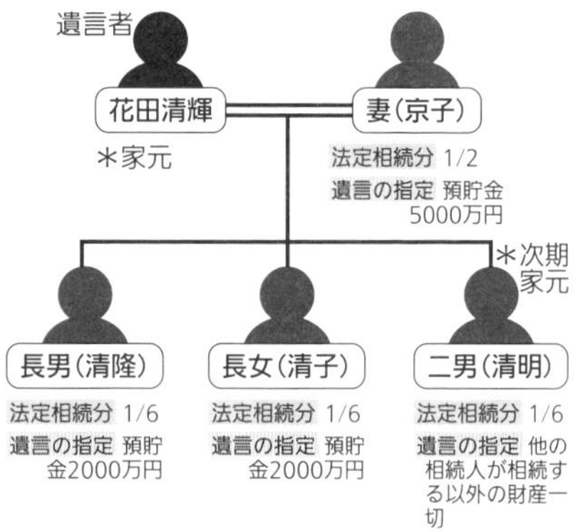

花田清輝さんは、華道花田流の家元です。

妻（京子さん）、長男の清隆さん、次男の清明さん、長女の清子さんは、いずれも花田流で師範として仕事をしています。

清輝さんは、この家族の中で、華道の技量に長け、指導にももっとも熱心な次男の清明さんを次の家元にする遺言をしようと思っています。

書き方のポイント

本例は、次期家元《いえもと》に次男を指定し、家元に属する財産について一定の財産を除き次期家元（二男）に相続させるというものです。

ただし、家元の継承については法律上の規定はなく（財産の処分等ではなく）、花田流の内規などでどうなっているかによることになります。

本例は、次期家元について現家元に指定権があることを前提にしています。

1 次期家元となる者を指定します。

2 次期家元となる者を含め、家元の財産をどう相続人に分配するかを記載ます。祭《さい》祀《し》承継者《しょうけいしゃ》についても指定しておくとよいでしょう。

3 条項３は、相続人に対する要望で、付言事項と言われるものです。法律上の効果はありませんが、遺言者の心情を伝えることはできるでしょう。

アドバイス

家元制度は茶道や華道、舞踊などの世界で古くから存在する制度です。そのため、現在の法律にはなじまない側面もあります。

多くは世襲制で、次期家元に指定された者が、家元の財産のほとんどを承継します。世襲制のために、長男が相続する場合が多いようです。

また、現・家元が次期家元を指定できるかといえば、必ずしもそうではなく、家元と

書き方のポイント

遺　言　書

私、花田流の家元花田清輝は、次のとおり遺言する。

1　花田流の次期5代目家元に、二男の清明をに指定する。祭祀主宰者も同様とする。

2　花田流家元の習わしに従い、5代目家元の清明に、下記の3.4の財産を除く一切の財産を相続させる。

3　妻の京子には、現在居住している下記表示の自宅および預貯金の中から5000万円を相続させる。

土地の表示（略）

家屋の表示（略）

4　長女の清子には、預貯金の中から2000万円を相続させる。

5　長男の清隆には、預貯金の中から2000万円を相続させる。

6　私の死亡後も、家族仲良く花田流を盛り立てていくように、切に望む。

令和〇〇年〇月〇日

遺言者　花田清輝　㊞

1

2

3

は別に宗家《そうけ》などの流派組織があり、そこの承認が必要な場合もあるようです。

遺言を書くにあたっては、こうした点を考慮し、問題が起きない内容とすることが重要です。

〈こんな点にも注意を…〉

家元の相続（承継）は、どちらかといえば、昔の家督相続《かとくそうぞく》と似たところがあります。最近では、法人化（公益社団法人など）の動きもあるようですが、伝統的な〈家〉制度によって組織の運営がなされているケースがほとんどです。

しかし、そのような家元をめぐる相続財産の争いといえども、ことが物的財産に関する限り、現在の相続法の規定の範疇《はんちゅう》で判断されることになります。

つまり、遺言による次期家元の後継指定については法律上の効力は及ばず、〇〇流の内部の問題ですが、財産についての争いは、民法の相続に関する規定（法定相続分・遺留分など）が適用されます。

6 家業を手伝い多大の寄与をした者に寄与分を明記し事業用資産を相続させる遺言書

この遺言を書く目的

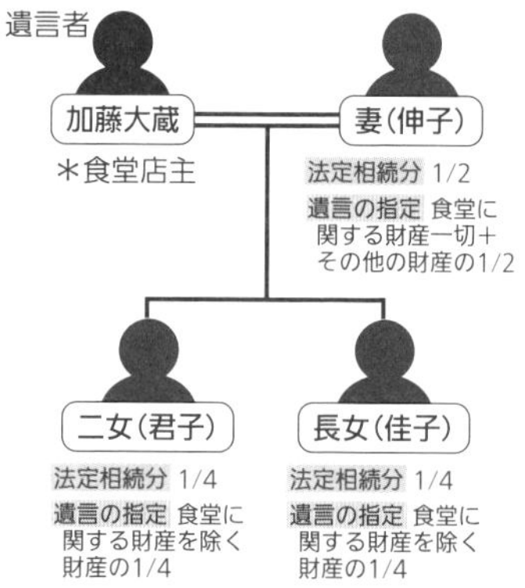

加藤大蔵さんは、「毎日食堂」（個人事業）を営んでいます。大蔵さんは妻（伸子さん）と２人暮らし。子は、嫁いだ長女（佳子さん）、二女（君子さん）がいます。

最近、大蔵さんは病気がちで、食堂の行く末が心配です。そこで、妻の食堂営業への多大の貢献（寄与分）を認め、自分の死後、妻に食堂を譲る遺言を書こうと思っています。

書き方のポイント

本例は、妻に特別の寄与分（全遺産の２分の１）があることを指摘し、食堂営業に関する資産の全部と、その他の財産も２分の１を相続させるとした遺言書の例です。

1 条項１は、妻が財産の蓄積にいかに寄与してくれたか、その寄与分はどれだけかが書かれています。ただし、この部分は妻に寄与分がある理由を付言したにすぎず、法的効力があるわけではありません。

2 条項２は、妻への相続について指定したものです。本例は、食堂関連の財産全部とその他の財産の２分の１を相続させるとしました。遺言者が条項１で認定した寄与分２分の１を上乗せした妻の法定相続分は遺産の４分の３になりますが（寄与分２分の１＋寄与分を引いた残りの遺産２分の１×妻の法定相続分２分の１）、遺言の指定でちょうどそれだけの額をクリアすると見積もったからです。

3 条項３は、それ以外の子２人に対する相続分の指定です。

アドバイス

① 本例では、遺言者が妻（伸子さん）の**寄与分**《きよぶん》を２分の１と認定していますが、こうした寄与分の割合まで記載する必要はないかもしれません。寄与分を記載しても、そもそも寄与分は遺言者（被相続人）の認定ではなく、相続人間の協議で決めるものだからです。争いとなれば、申立てにより家庭裁判所の判定（審判）にかかります。た

書き方のポイント▼

遺　言　書

私は、次のとおり遺言する。

1　私は妻の伸子と二人三脚で毎日食堂の営業を続けてきた。今日の毎日食堂があるのも、妻の特別な貢献があればこそのことで、その寄与分は私の財産の２分の１に匹敵する。なお、毎日食堂については私の死後も営業を続けてくれることを願う。

2　私の財産について、妻の信子には以下のとおり相続させる。

一　毎日食堂の営業に関する一切の財産

⑴毎日食堂の店舗がある土地・建物

土地・建物の表示（略）

⑵毎日食堂の営業に関する売掛金および負債

⑶その他、毎日食堂の営業に関する一切の財産

二　毎日食堂関連の財産（上記一）を除く財産の２分の１

3　その他の財産については、長女の佳子と二女の君子に平等に相続させる。

令和◯◯年◯月◯日

遺言者　加藤大蔵　㊞

1

2

3

だし、遺言に書いておけば遺言者の気持ちを他の相続人は理解するでしょうし、裁判所に持ちこまれても遺言で指定した寄与者に有利な材料として考慮されるでしょう。

②　妻に全遺産を相続させ、そのかわり一定額の代償金を支払わせる（負担を負わせる）という方法もあります。この場合、妻に全遺産を相続させた理由として、妻の寄与により財産形成・維持がなされたことを付言しておくとよいでしょう。

〈こんな点にも注意を…〉

遺言で全遺産をその営業の後継者に相続させるとしても、他の相続人がいれば遺留分侵害の問題が残ります。寄与分が認められる場合でも、それとは関係なく各相続人の遺留分の額は算定されるのです（78ページ参照）。しかし、遺産分割協議ではその寄与分は相続人全員の協議で認めたはずなのですから（寄与分認定の原則）、あとで遺留分の減殺を請求することはできないと考えられます。

★相続人以外の人にも遺産を与えたいときの遺言の書き方

恩人に遺産を贈る／再婚相手の連れ子にも贈る／甥・姪にも贈る／ペットの世話人に贈る…など

◎相続人以外の第三者にも財産を与えることができる

遺贈《いぞう》とは遺言によっておこなう贈与ですから、相続人以外の第三者に対しても遺贈することができます。生前世話になった恩人や、身の回りの面倒をみてくれた人がいる場合、その人に遺産の一部を分け与えたいと思うこともあります。

そうした場合には、遺言書に財産を与えたい人（受遺者《じゅいしゃ》）の氏名や住所、遺贈したい財産は何かなど書いておくとよいでしょう。

ただ、相続権のない他人に財産を譲り渡すことになるのですから、相続人から充分な理解を得る必要があります。具体的には、第一部でも触れておりますが、遺留分《いりゅうぶん》や寄与分《きよぶん》などについてはしっかりと配慮しておくのがよいでしょう。

また、遺贈した相手が被相続人よりも先に死亡していた場合や、遺贈した法人がすでに解散していたような場合は、受遺者が存在しませんので、その遺贈は無効になります。遺贈の目的とされた財産は、改めて相続人間で遺産分割協議をすることになります。

◎第三者への遺贈と遺留分権利者への配慮

遺言で自分の財産をどのように処分するかは、原則として遺言者の自由なので、その財産のすべてを第三者に遺贈することも可能です。しかし、それを完全に許してしまうと、残された遺族の保護が図れません。そこで兄弟姉妹を除く法定相続人には、法律上最低限相続できる割合が決められています。

これを遺留分といいます。

第三者に遺贈する場合は、この遺留分を侵害しないよう配慮して、遺言書

	死因贈与	遺贈
法的性質	契約	相手方のいない単独行為
能力	未成年者は単独で行為不可	満15歳以上の者は単独で行為可能
要式性	不要	必要（遺言の要式性）
承認・放棄	契約という性質から不可能	可能
代理人による行為の可否	可能	不可
条件・負担を付すこと	可能	可能
効力発生時期	贈与者の死亡時	遺贈者の死亡時
遺留分減殺請求の対象性	対象となる	対象となる

をしたためておきましょう。

せっかく遺言でお世話になった人などに遺贈しても、その遺贈が遺留分を侵害しているような場合は、後日、遺留分権利者から**遺留分侵害額請求**《いりゅうぶんしんがいがくせいきゅう》をされたり、また、そのような遺贈をしたために、お世話になった人と遺留分権利者との関係が悪化してしまうことにもなりかねません。これは遺言者としても本意ではないでしょう。

したがって、他人に遺贈する場合は、遺留分には細心の注意をしておくことが必要でしょう。

◎遺贈と死因贈与

遺贈と類似するものとして、**死因贈与**《しいんぞうよ》という制度があります。

死因贈与は、贈与者の死亡を条件として効力が発生する贈与契約である点で、単独行為（相手方の同意が必要ない）である遺贈とは異なりますが、被相続人の死亡による財産の無償譲渡である点で類似するため、契約という性質に反しない限りで遺贈の規定が準用されています（上の表参照）。

◆相続人以外の人にも遺産を与えたいときの遺言の書き方

1 世話になった恩人に遺産を贈る遺言書

この遺言を書く目的

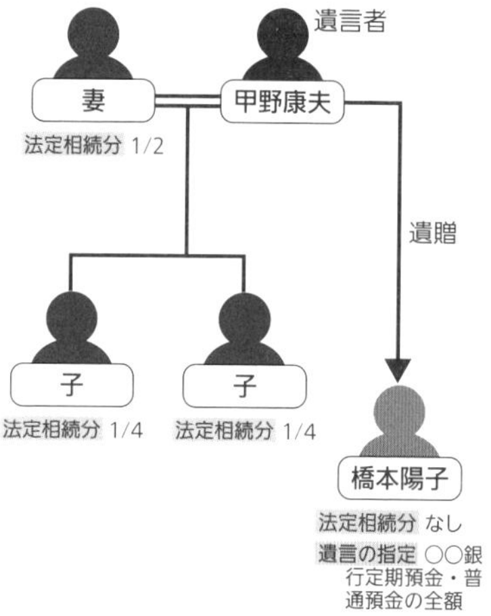

甲野康夫さんは妻と子供２人の４人家族ですが、病気を患い入院生活を余儀なくされています。その病院での担当看護師の橋本陽子さんは、遠方の子供たちや体調の優れない妻にかわって献身的に面倒をみてくれ、また、なかなか見舞いに来られない家族に代わり話し相手にもなってくれて、康夫さんは精神的にも身体的にも非常に助けられ感謝しています。そこで看護師の橋本陽子さんにも一定の財産を贈りたいと考えているのです。

書き方のポイント

1 銀行預金を贈る場合は、銀行名・支店名・口座番号をはっきりわかるように書きます。金額を書かないのは、遺言を書いたあとで変動する可能性があるからです。金額をはっきりさせたい場合は「○○銀行○○支店遺言者名義の定期預金口座（口座番号○○○○）の預入れ元金○○万円及び利息のすべて」などと記し、遺言後に引き出したりしないことが必要です。

2 遺贈をする経緯・理由を書いて、ほかの相続人に対する説得性を高めています。

3 遺言執行者を指定しておくと、親族以外に財産が渡ることになる遺贈でも、遺言を確実に実行してもらえます。

アドバイス

① 本遺言例は、恩人に遺産の一部を贈る場合の簡単な例ですが、このような場合は、単に遺贈するというだけでなく、**遺贈をしたいと思った経緯《けいい》も書いておくと他の相続人に対しても説得性が高まります**。最後に付言事項として思いを伝えるのでもよいでしょう。また、各相続人から事前に同意を得ることも、場合によっては必要です。

② 本遺言例の最後に**遺言執行者《いごんしっこうしゃ》**をつけています。遺言執行者とは、遺言書のとおりに

書き方のポイント

遺　言　書

遺言者甲野康夫は、次のとおり遺言する。

（１～３は妻と子供２人に対する遺言文であり省略）

４　橋本陽子（東京都○○区○○町○丁目○番○号在住）に、○○銀行○○支店遺言者名義の定期預金（口座番号○○○○）及び普通預金（口座番号○○○○）全てを遺贈する。 ← 1

同人は、看護師として遺言者の闘病生活を精神的にも身体的にも十分以上に支えてくれ、体調の優れない妻やまた遠方にある子供達も同人の献身ぶりには非常に感謝している。 ← 2

よって、各相続人の同意を得て、この遺贈を行うこととしたものである。

５　本遺言の遺言執行者として、次の者を指定する。 ← 3

住所　東京都○○区○○町○丁目○番○号

弁護士　大野修造

令和○○年○月○日

東京都○○区○○町○丁目○番○号

遺言者　甲野康夫　㊞

財産の名義を変更するなど最終的な手続きをしてくれる人です。

今回のような他人に遺贈をする遺言の場合、いざ遺産を分けることになった際に、子供等が受遺者に遺産を分けるのに難色を示すケースもあることから、遺言者の意思を実現するために遺言執行者を指定しておくのが望ましいでしょう。

こんな点にも注意を…

本事例では、遺贈を受ける受遺者のほかに相続人が妻と子供２人の３名おり、それぞれ遺留分権利者です。それぞれの遺留分は妻が遺産の４分の１（相続人全員の遺留分２分の１×妻の法定相続分２分の１）、子供が各々８分の１（相続人全員の遺留分２分の１×子の法定相続分２分の１×子２人が頭割りで２分の１）です。

この遺留分は最低限侵害しないよう、遺贈する額には注意が必要です。

2 妻子とともに甥《おい》・姪《めい》にも遺産を贈る遺言書

この遺言を書く目的

甲野健二さんは妻と子供２人の４人家族ですが、子供２人が仕事の関係で遠方にいっていることもあり、日頃から姪《めい》（姉の子）の乙原佳織さんを非常に可愛がっています。

姪も、健二さんとその妻の面倒をよく見てくれており、妻ともども感謝しているのです。そこで姪の佳織さんにも遺産を渡したいと考えています。

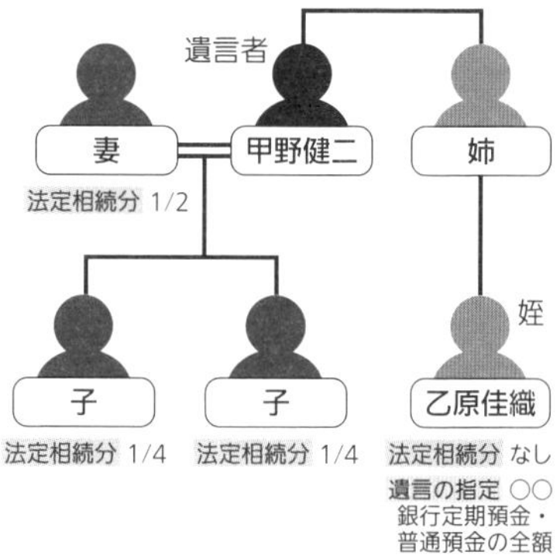

書き方のポイント

1 銀行預金を贈る場合は、銀行名・支店名・口座番号をはっきりわかるように書きます。金額を書かないのは、遺言を書いたあとで変動する可能性があるからです。額を決めたい場合は「預金元金○○万円及び利息」とし、あとで引き出したり加えたりしないことです（金額が変わると遺言書を書き直す必要が生じます）。

2 遺贈をする経緯・理由を書いて、ほかの相続人に対する説得性を高めています。

3 遺言を確実に実行させるために、遺言執行者を指定してあります。

アドバイス

① 本遺言例は、妻子とともに姪に遺産の一部を贈る場合の簡単な文例です。本ケースでは兄弟姉妹の子である姪には原則として相続権はありません。

被相続人（遺言者）に子などの直系卑属《ちょっけいひぞく》も父母などの直系尊属《ちょっけいそんぞく》もいない場合で、さらに兄弟姉妹（姪の親）がいたが死亡しているなどの事情がある場合にはじめて、姪は自分の親の代わりに相続（代襲相続《だいしゅうそうぞく》）することになるだけです。

本事例のように、直接甥《おい》や姪に遺産を譲り渡したい事情があるときは、遺贈により遺産を分け与えることができます。

② 本来は相続人でない姪に遺贈するに至った経緯、遺言者の思いは書いておく方がよいでしょう。また、各相続人から了解を得ておくことも、紛争を予防するためには望

書き方のポイント

遺　言　書

遺言者甲野健二は、次のとおり遺言する。
（１～３は妻と子供２人に対する遺言文であり省略）

４　姪乙原佳織（東京都〇〇区〇〇町〇丁目〇番〇号在住）に、〇〇銀行〇〇支店遺言者名義の定期預金（口座番号〇〇〇〇）及び普通預金（口座番号〇〇〇〇）全てを遺贈する。

１

姪乙原佳織は、日頃から遺言者とその妻の面倒をよく見てくれており、子供たちも安心して、それぞれの生活を営むことが出来ている。姪〇〇には家族全員非常に感謝している。

２

よって、各相続人の同意を得て、この遺贈を行うこととしたものである。

５　本遺言の遺言執行者として、次の者を指定する。

３

住所　東京都〇〇区〇〇町〇丁目〇番〇号
弁護士　中山美智子

令和〇〇年〇月〇日

東京都〇〇区〇〇町〇丁目〇番〇号
遺言者　甲野健二　㊞

ましいことです。

③　本遺言例でも最後に遺言執行者をつけております。

本件のような遺言書が出てきた場合でも、本来相続人でない姪としては、なかなか遺言書のとおり自分に遺産をくださいとは言いづらいものです。本遺言の場合も遺言者の意思を実現するために執行者を指定しておくとよいでしょう。

こんな点にも注意を…

本事例でも、受遺者である姪の他に相続人が妻と子供２人の３名がおり、それぞれ遺留分権利者です。それぞれの遺留分は妻が遺産の４分の１、子供が各々８分の１です。これを侵害すると、侵害された相続人からの支払請求の問題も起こりますので、この遺留分は侵害しないよう十分注意しましょう。

3 再婚した妻の連れ子にも遺産を贈る遺言書

この遺言を書く目的

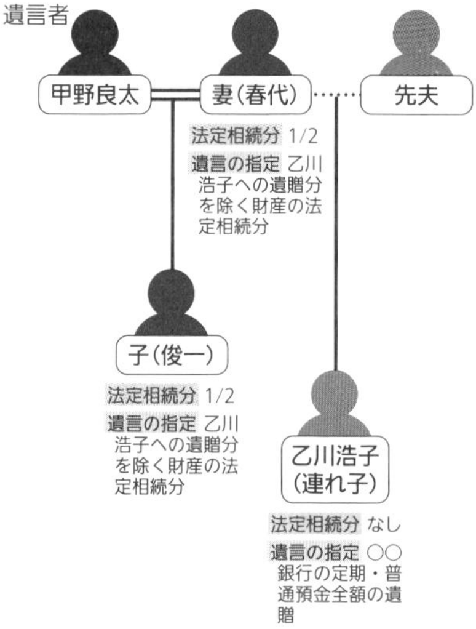

甲野良太さんは妻・春代さんとの間にできた子・俊一さんと三人で同居しています。春代さんは再婚で、前の夫との間にできた子・乙川浩子さんがいますが、彼女は独立して生活をしており、良太さんと養子縁組はしていません。

しかし、この浩子さんは、高齢で体調を崩した良太さんの介護を、自分も身体の自由がきかない春代さんに代わってするなど、実の親子にも劣らず良太さんに尽くしてくれています。そこで、良太さんは連れ子の浩子さんにも遺産を渡したいと考えているのです。

書き方のポイント

1 金融機関への預託金を遺贈するときは金融機関名、支店名、預金の種類と口座番号を明記して特定します。変動の可能性のある金額は書かない方がよいでしょう。

2 妻の連れ子への一定額の遺贈のほかは、妻と子に法定相続分どおり（妻の春代２分の１、子の俊一２分の１）相続させる指定です。

3 自分の死後に遺言が確実に実行されるよう、遺言執行者を指定してあります。

アドバイス

本遺言例は、妻子とともに妻の連れ子にも遺産の一部を贈る場合の簡単な文例です。

この場合、妻の先夫には相続権がないのは当然ですが、妻の連れ子にも相続権はありません。妻の実の子ではあっても、遺言者からみれば実子でも養子でもないからです。遺言がなければ、妻と長男が２分の１ずつ相続することになります。ただ、**将来においては、妻に渡った分の遺産が連れ子に相続され、結果として直接の相続権はない連れ子のものになる**、ということはあります。妻の連れ子への遺贈は、このことまで考慮に入

遺　言　書

書き方のポイント▼

遺言者甲野良太は、次のとおり遺言する。

1　遺言者の妻・甲野春代の子、乙川浩子は遺言者の実子でもなく、また養子にもなっていないにもかかわらず、遺言者や長男に対しても、親兄弟として接してくれていること、また家業の手伝いや遺言者の介護についての乙川浩子の献身的な行動についても、遺言者は非常に感心しまた感謝している。

ついては、遺言者甲野良太は、乙川浩子のその献身に報いるため○○銀行○○支店遺言者名義の定期預金（口座番号○○○○）及び普通預金（口座番号○○○○）全てを遺贈する。　1

長男俊一も、本件遺贈を理解してほしい。

2　上記以外の財産については、妻春代と長男俊一にそれぞれ法定相続分どおり相続させる。　2

3　本遺言の遺言執行者として、次の者を指定する。　3

住所　東京都○○区○○町○丁目○番○号

弁護士　中山美智子

令和○○年○月○日

東京都○○区○○町○丁目○番○号

遺言者　甲野良太　㊞

れて額を考えないと、実の子の取り分の方が最終的には少ないということも起こります。

連れ子にも遺産を譲りたいときは、生前に**養子《ようし》縁組《えんぐみ》**をしておけば、実子と同じように相続分が認められますが、さまざまな事情から養子とすることができない場合もあるでしょう。その場合は、本遺言例のように遺贈によって財産を譲り渡すとよいでしょう。

こんな点にも注意を…

本事例でも、受遺者である連れ子の他に相続人が妻と実子の２名おり、遺留分の権利者です。それぞれの遺留分は妻・長男ともに遺産の４分の１です。この遺留分は侵害しないよう十分注意しましょう。

妻の連れ子に過剰に遺贈をするような場合は、それまで円満だった家族関係を悪化させることにもなりかねませんので、実子に対する配慮も忘れてはなりません。

4 遺産の一部で基金をつくり恵まれない子への奨学金支援を行わせる遺言書

この遺言を書く目的

甲野穣治さんは、かねてから修学が困難な子供たちのために、自己の資産を役立てたいと考えてきました。

穣治さんには妻と子１人がいますが、その２人の生活に支障をきたさない範囲で、恵まれない子たちがちゃんと教育を受けられるために奨学金を拠出する基金を設立したいと考えています。

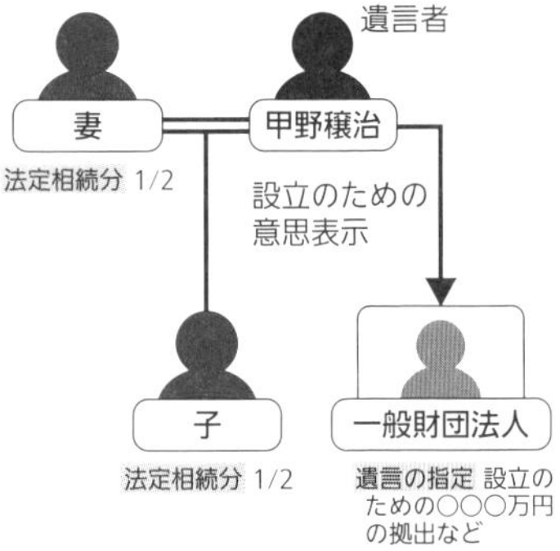

書き方のポイント

1 財団法人の基金にあてる財産とその価額を書きます。お金であれば遺産のどの部分から拠出するのかも書いておくと、処理がしやすくなるでしょう。あらかじめそのための銀行口座などをつくって所定のお金をプールしておき、その口座を記しておくようなことが考えられます。

2 財団の理事などへの就任者を自分で選ばないのなら、選ぶ人を指定しておきます。

3 確実にこの遺言を実現してもらうため、遺言執行者を指定してあります。

アドバイス

①　遺言で一般財団法人を設立することも可能です。

一般財団法人を設立するには、遺言者が遺言書で設立の意思を表示する必要があります。その後、遺言執行者が定款《ていかん》を作成し、一般財団法人の設立がなされます。そのため遺言執行者に対しては、どのような法人を設立したいのか十分に伝えておく必要があるでしょう。

②　一般財団法人から、公益財団法人に移行も可能です。

この場合、公益目的が主目的である必要があり、主務官庁の許可も必要になりますが、税制面で有利になります。

書き方のポイント

遺　言　書

遺言者甲野穣治は、本遺言書により以下のとおり遺言する。

1　遺言者は経済的な事情から修学が困難な子供たちへの奨学金支援をするために、本遺言をもって一般財団法人設立の意思を表示するとともに、次のとおり定款の内容を定めるものとする。

①目　的　　経済的に修学困難な子供たちに奨学金を支援し、若い優秀な人材を育成する。

②名　称　　一般財団法人○○会

③事務所　　東京都○○区○○町○丁目○番○号

④設立者の氏名・住所

氏名　甲野穣治

住所　東京都○○区○○町○丁目○番○号

⑤設立に際して設立者が拠出する財産及びその価額

現金　○○○万円　← 1

⑥設立時評議員、設立時理事及び設立時監事の選任に関する事項

設立時評議員及び設立時理事は各３名、設立時監事は１名とし、それらの選任を、以下の者に委嘱する。 ← 2

氏名　○○○○

住所　………………

生年月日　………………

⑦評議員の選任及び解任の方法

評議員の選任及び解任は、評議員会において行う。

⑧公告の方法

官報に掲載する方法により行う。

⑨事業年度

毎年４月１日から翌年３月31日までの年１期とする。

2　本遺言の遺言執行者として、次の者を指定する。← 3

住所　東京都○○区○○町○丁目○番○号

弁護士　大野修造

令和○○年○月○日

東京都○○区○○町○丁目○番○号

遺言者　甲野穣治　㊞

5 残されるペットの世話をしてもらうかわりに遺産を贈る遺言書

この遺言を書く目的

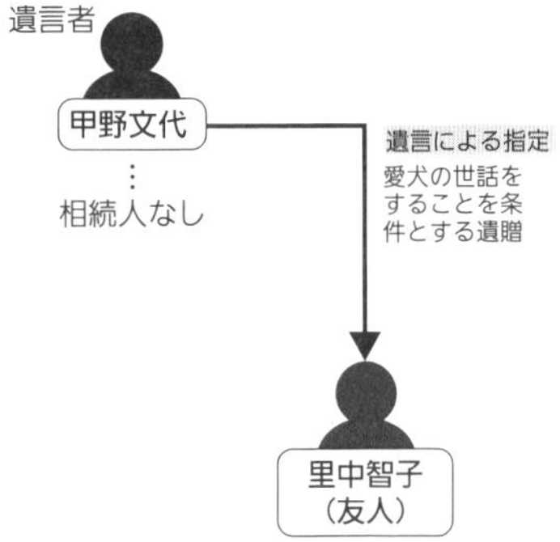

甲野文代さんには夫や子といった家族がなく、ペットの犬（サリー）を飼っているものの１人で暮らしています。

このサリーは、遺言者の老後の生活を精神的に支えてきた愛犬であり、文代さんにとって家族同然の存在なのです。

文代さんとしては、自分の亡き後も、愛犬のサリーは信頼できる人に託して生涯大事に面倒をみてもらいたいと考えています。

書き方のポイント

1 相続人以外の者へ遺言で財産を譲るのですから「遺贈する」となります。

2 遺贈を受ける見返りとしての負担（義務）を記します。なるべく内容がはっきりわかるように書かなければなりませんが、細かいことを書きすぎてもいけません。愛犬の面倒をきちんとみてもらうには、このくらいの書き方で十分でしょう。

3 受遺者が負担（義務）をちゃんとはたすかどうかのお目付役として、遺言執行者を指定してあります。

アドバイス

ペットは法律上独立した動産で、所有権の対象となります。したがって、ペットの所有権帰属の問題は、法定の遺言事項に含まれます。

そのため、ペットに関する遺言をする場合、誰に相続させるか、あるいは遺贈するかを、まず明らかにすることが望ましいでしょう。

本遺言例は、相続人がいない場合で、信頼できる友人にペットを遺贈するケースです。しかし、ペットの世話をするには費用も手間もかかります。ペットだけを遺贈したのでは、相手の迷惑となりかねず、受取りを拒まれてしまうこともあるでしょう。

そこで、ペットの飼育という負担をつけて、遺産の一部を遺贈する方法が考えられま

書き方のポイント

遺　言　書

遺言者甲野文代は、本遺言書により次のとおり遺言する。

1　遺言者は遺言者の下記財産を、遺言者の友人里中智子（東京都〇〇区〇〇町〇丁目〇番〇号）に遺贈する。 …… 1

①〇〇銀行〇〇支店の遺言者名義の定期預金(口座番号〇〇〇〇)及び普通預金（口座番号〇〇〇〇）全部。

②遺言者の愛犬サリー（ミニチュアダックスフンド・オス）

2　受遺者里中智子は、上記遺贈を受ける負担として、遺言者が長年育ててきた愛犬のサリーを生涯大切にめんどうを見ること。また、その死後は手厚く埋葬する義務を負うものとする。 …… 2

3　本遺言の遺言執行者として、次の者を指定する。 …… 3

住所　東京都〇〇区〇〇町〇丁目〇番〇号

弁護士　野中賢治

令和〇〇年〇月〇日

東京都〇〇区〇〇町〇丁目〇番〇号

遺言者　甲野文代　㊞

す。本遺言書はその負担つき遺贈の例です。

負担つき遺贈を受けた者は、その遺贈された目的の価額を超えないことを限度にその負担を履行する義務を負います。したがって、負担の額と遺贈の額とのバランスには、注意が必要でしょう。

あまりに遺贈する額が少ないと、ペットの面倒をみることと埋葬をするという遺言の趣旨を実現できなくなりかねませんので、気をつけましょう。

〈こんな点にも注意を…〉

負担つき遺贈の場合、その負担を受遺者が履行しないときは、相続人が履行の催告及び取消請求をすることができます。本例では、受遺者が愛犬サリーのめんどうをみない場合は、遺言執行者は遺贈の取消し請求をなし得ることになります。したがって、こうした場合は、必ず遺言執行者を指定しておきましょう。

6 同居している婚姻外の女性に建物賃借権と預金を贈る遺言書

この遺言を書く目的

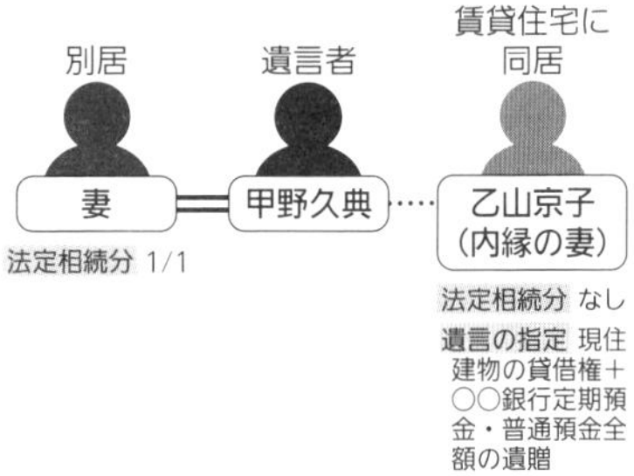

甲野久典さんには本妻がいますが、長く別居状態であり、事実上婚姻関係《こんいんかんけい》は破綻《はたん》しています。二人の間に子はおりません。

一方で、長年にわたり夫婦同様に同居して暮らしている乙山京子さんがいます（内縁《ないえん》の妻）。久雄さんは、人生の終期にさしかかり、自分の亡きあとも内縁の妻が生活に困らないようにしておきたいと考えています。

書き方のポイント

1 未入籍の内縁関係では相続権がありませんので、遺言による「遺贈《いぞう》」となります。

2 遺贈する賃借権をはっきり示すため、借りている物件の表示をします。これは一戸建てを借りているケースで、登記簿の記載に従った表示をしてあり、表示として最も正確なものですが、間違える心配がなければもう少し簡略にしてもかまいません。アパートなどでは住所地と「○○ハウス205号室」などの表記で足りるでしょう。

3 相続人に本妻がいるケースですから、紛争回避のため遺言執行者をつけてあります。

アドバイス

① 本遺言例は、本妻（相続人）がいる遺言者（建物を賃借して居住）が内縁の妻に対して、同居している建物の賃借権及び預金を遺贈する場合の遺言例です。

居住の用に供する建物の賃借人が相続人なしに死亡した場合、賃借人と同居していた内縁の妻は、借地借家法36条により賃借人の権利義務を承継することになり、居住の利益を確保することができます。しかし、賃借人に本妻などの相続人がいる場合、同条の適用はありません。本遺言例は、内縁の妻に賃借権と預金を遺贈することにより、その生活の保護を図ろうとするものです。

② 本事例では、相続人として本妻がおり、遺留分《いりゅうぶん》権利者です。その遺留分は遺産の2分の1です。この遺留分は侵害しないよう十分注意しましょう。

書き方のポイント

遺　言　書

遺言者甲野久典は、本遺言書により次のとおり遺言する。

1　遺言者はその有する下記建物賃借権及び預金を内縁の妻乙山京子（東京都○○区○○町○丁目○番○号　昭和○○年○月○日生）に遺贈する。……1

記

①　建物賃借権

所　　在　東京都○○区○○町○丁目○番○号

家屋番号　○番○号

種　　類　居宅

構　　造　木造瓦葺平家建

床面積　○○・○○平方メートル

（①の記載事項……2）

②　○○銀行○○支店の遺言者名義の定期預金（口座番号○○○○）及び普通預金（口座番号○○○○）全部。

2　本遺言の遺言執行者として、次の者を指定する。……3

住所　東京都○○区○○町○丁目○番○号

弁護士　山中慎二

令和○○年○月○日

遺言者　甲野久典　㊞

③　本遺言例は、最後に**遺言執行者**《いごんしっこうしゃ》をつけています。

そもそも本妻と内縁の妻では、一般的には相容《あいい》れない関係でしょう。本件のような遺言書が出てきた場合でも、本来何の権利もない内縁の妻としては、争いを避けるため遺贈を放棄してしまうこともあると考えられます。このような事態を避け、遺言者の意思を実現するためには、遺言執行者の指定をしておいた方がよいでしょう。

こんな点にも注意を…

賃借権を譲渡する場合（遺贈でも譲渡になる）、事前に賃貸人の承諾が必要になり、無断譲渡は契約の解除事由です。ただし、アパートなど借家の賃借権の場合は、内縁の妻も相続したと同様の保護を受けることができ、家主や相続人からの明渡し請求を拒めます（借地借家法36条１項、最高裁昭39.10.13、昭和37.12.25など）。

★一人で亡くなる場合にあとの手続きをきちんとしたいときの遺言書の書き方

身寄りのない人のとるべき遺産処理の対策

◎相続人が一人もいないと相続財産はどうなるのか

高齢化社会と呼ばれるようになって久しいのですが、このことは相続の分野でも確実に影響を及ぼしています。

子どものいない高齢者夫婦の場合、親、兄弟姉妹はすでにいないことも多く、配偶者に先立たれると法定相続人がゼロというケースも起こってくるからです（兄弟姉妹の子――甥《おい》・姪《めい》がいれば、代襲《だいしゅう》して相続人となることはありますが）。

結論から先にいうと、法定相続人がいない場合には、被相続人の財産は国のものとなってしまいます。理不尽なように思われますが、民法で「国庫に帰属する」と定めているのです。

例外として、被相続人と生計を同じくしていた者（内縁関係にあった者など）、被相続人の療養看護につとめた者、その他特別の縁故《えんこ》があった者がいた場合には、その者（**特別縁故者**《とくべつえんこしゃ》）が相続開始地の家庭裁判所に請求すれば、相続財産の全部又は一部を与えることができることになっています。家庭裁判所は、審判によってその処分を決めます。

法定相続人がいない場合の相続財産の扱いは、特別縁故者が請求を行なう前にいろいろな面倒な手続きがあります。

◎相続財産は相続財産法人となる

相続人が不明の場合には相続財産が宙に浮いてしまいますので、民法では、被相続人の債権者、特別縁故者などの利害関係者、または検察官の請求によって、相続財産の管理人を選任し、これを公告すると定めています。

相続財産管理人は、相続財産の管理を行なうと同時に、本当に相続人がい

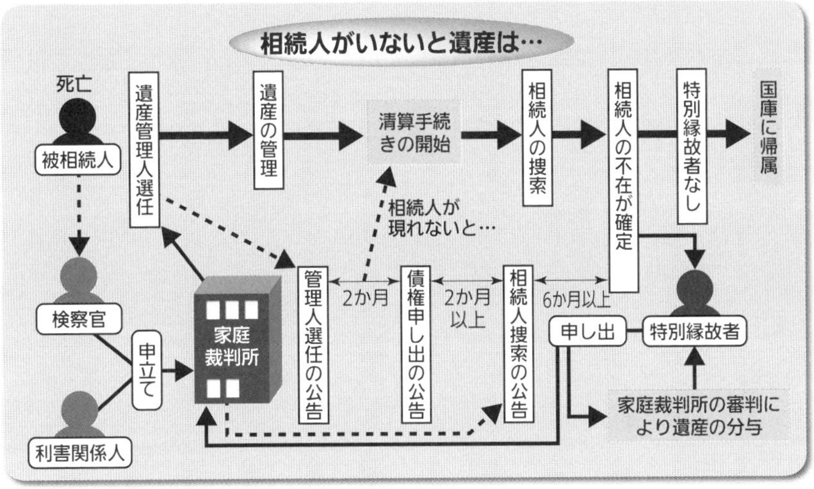

ないかどうか捜索を行なうことになっています。

この一連の手続きは、複雑ですので、上に描いた図解を参照してください。

相続人の捜索の結果、相続人が現れれば、相続財産は相続人のものとなり、相続財産管理人の仕事は終了します。ただし、現れた相続人が相続放棄をすれば別です。

◎特別縁故者として請求ができる場合とは

相続財産について、特別縁故者が家庭裁判所に対して請求ができるのは、上の図のように相続人捜索の公告が行なわれ、相続権を主張する者が現われなかった場合で、この公告の期間満了後３か月以内とされています。

特別縁故者としては、相続が開始した地を管轄する家庭裁判所に対して、相続財産の処分を申し立てることになります。

家庭裁判所では、特別縁故者と被相続人との縁故関係の内容や濃淡、特別縁故者の性別・職業・年齢・教育程度、遺産の種類・額・内容・所在など、一切の事情を考慮した上で、何を、誰に（特別縁故者が複数の場合）、どれだけ与えるかを決定します。

審判の結果、一部分与とされた場合には、残余の相続財産は国庫に帰属することになります。

1 身寄りのない人が自分の死後の後始末を相続人以外の人に頼み、かわりに遺産を譲る遺言書

この遺言を書く目的

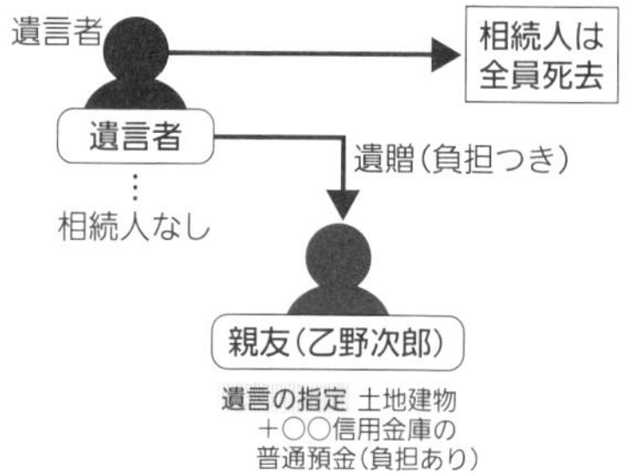

相続人がいなければ、財産は最終的には国のものとなります。それを避けるために、この遺言書は、死後の後始末を頼むかわりに、財産の後始末をやってくれる人に財産を遺贈する旨を書いたものです。

書き方のポイント

1 近親者がいない場合、遺産の指定は誰にもわかるよう、とくにしっかり特定しなければなりません。

2 葬儀やその後の後始末の負担を条件に遺贈する場合には、生前にそのことを遺贈する相手と話し合っておくことが大事です。

3 負担を条件に遺贈すると指定された人が、これを断ることは自由です。その場合には、相続財産は特別縁故者がいなければ国のものになります。

4 負担が実行されるかどうか見守ってもらうためにも、遺言執行者の選任は必要です。

アドバイス

身寄りがなく相続人がいないというケースは、社会の高齢化が進む現在、ますます増えることが予想されます。自分の死後の後始末を条件に、遺贈を考える場合には、次のことに意を払いましょう。

① 自分と親しい人、あるいは信頼できる人を受遺者として選びましょう。

② 生前に受遺者とよく話し合い、受遺者の意向を確認しておきましょう。

③ 負担が確実に履行されるかどうか、遺贈が確実に行なわれるかどうかをチェックするのが遺言執行者の役目です。遺言執行者の予定者にも、遺言の内容を話し、受任の意思を確認しておきましょう。

なお、このような遺言書は、相続人として兄弟姉妹がいるが、兄弟仲が険悪である、あるいは疎遠であるなどの場合でも、活用することができます（兄弟姉妹には遺留分がないので、自分にまったく遺産がこない指定でも取戻しの請求はできない）。

書き方のポイント

遺　言　書

遺言者甲野太郎は、次の通り遺言します。

私は91歳という歳まで長生きし、そのため両親はもとより、妻の花子、息子の一郎、兄と妹にも先立たれ、弁護士に頼んで調べてもらったところ、相続人に当たる者はいないとのことでした。立つ鳥跡を濁さずの例えに従い、次の遺言をしておきます。

1　私の所有する財産は現住する後記土地・建物と○○信用金庫にこつこつと年金を積み立てた普通預金（口座番号○○－○○）ぐらいのものです。これを50年来の親友である乙野次郎氏に遺贈します。 1

土地　東京都○○市○○町○丁目○番地○号所在

宅地　○○○．○平方メートル

建物　前記同所所在　居宅

木造瓦葺平屋　床面積○○○．○平方メートル 2

2　乙野次郎氏には、上記遺贈に付随する負担として、次のことをお願いします。 3

①　私が檀家をしている○○寺に頼んで葬儀を行なうこと。

②　同寺にある甲野家の墓地に埋葬すること。

③　○○寺の住職に永代供養をしてもらうこと。

3　遺言執行者として、丙野三郎弁護士（東京都○○区○○町○丁目○番地○号○○ビル3階）を指定します。丙野弁護士には、不動産の所有権移転登記手続き、預金の名義変更・払戻しの手続きの権限を与えます。なお、報酬と必要経費については、私の生前に別途手当てをしておきます。 4

令和○○年○月○日

東京都○○市○○町○丁目○番地○号

遺言者　甲野太郎　㊞

こんな点にも注意を…

＊遺言執行者に監督の役目をしてもらう

負担を依頼された人が、負担を実行せず相続財産だけを受け取ることも考えられます。これをチェックするにも遺言者本人は亡くなっているわけですから、負担が実行されるかどうかを監督する遺言執行者は必ず選んでおきましょう。

2 相続人がいないので同居する女性に祭祀財産を渡して死後の供養を頼む遺言書

この遺言を書く目的

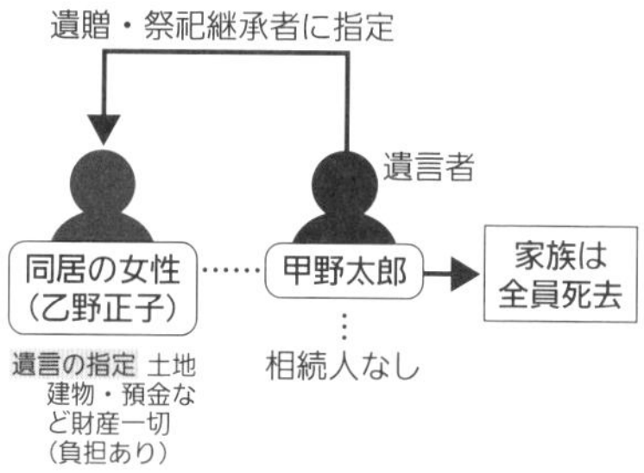

祭祀《さいし》の承継者がいないと、墓は野ざらしとなり、無縁仏状態となってしまいます。祭祀の承継者は別に相続人に限られているわけではありませんので、遺言者に近しい人であれば誰を選んでもかまいません。

書き方のポイント

1 自分の全財産を相続人以外の者に遺贈する場合には、本当に相続人がいないかどうかを確認する必要があります。あとで相続人が名乗り出てくると面倒なことになります。

2 相続人がいない場合、受遺者（遺贈を受ける者）が受け取りを拒否するとその財産は国の物になります。事前に受け取りの諾否の確認が必須です。

アドバイス

系譜《けいふ》、祭壇《さいだん》、墓地、お墓などの祭祀財産《さいしざいさん》は、相続財産とは切り離されて別の扱いとなります。相続順位が上だからといって、当然に祭祀承継者《さいししょうけいしゃ》となれるわけではなく、①被相続人の指定、②その地方の慣習、③家庭裁判所の審判、の順で決められることになっています。

ですから、**祭祀承継者を誰にするかは遺言者が自由に決めておくことができます**。本例のように相続人がいない場合には、遺言による遺贈によって相続人以外の人にこれを受け継がせてもよいのです。ただし、実際に法事などをとり行うかどうかは受け手の勝手でもありますから、事前に受け手の了解を得ておく必要はあります。

遺言で祭祀承継者に指定された人の方から、祭祀を主宰したり法要を行なうのには経費がかかるので、それに当てるために相続財産をよこせというような請求は認められません。ただ、遺言者がそのことを見越して、相続財産を与えることはいっこうにかまいません。

また、祭祀を主宰したり、供養《くよう》をすることは、ただその旨の希望だけが遺言に書かれ

書き方のポイント

遺　言　書

遺言者甲野太郎は、次の通り遺言する。

私の家族は、平成○○年の○○大地震の被害に遭い、全員が亡くなってしまった。たまたま、仕事で出張していた私だけがむなしく生きている。現在は、その後知り合った乙野正子と一緒に生活している。

1　私が死んでしまうと、甲野家のお墓を守っていく者が誰もいなくなる。そこで、現在一緒に生活をしている乙野正子に、祭祀財産のすべてを委ね、祭祀承継者に指定する。

2　乙野正子には、私の死後、葬儀を執り行なうことと、その後の供養をお願いしたい。

3　私には誇るに足る財産はないが、後記土地建物、わずかばかりのタンス預金その他家財道具一切を、前項の負担と引換えに乙野正子に遺贈する。

1

2

土地　東京都○○市○○町○丁目○番地○号の宅地○○．○㎡

建物　上記所在の建物　床面積○○㎡

4　私が檀家となっている○○寺の丙野正直住職を遺言執行者に指定する（了解は得てある）。

令和○○年○月○日

東京都○○市○○町○丁目○番地○号

遺言者　甲野太郎　㊞

てあっても法的な効力を持つものではありません。強制力を持たせるためには、遺贈《いぞう》を受けるかわりに指定された義務をはたすべきこと（負担つき）を明記し、「**負担つき遺贈**」にすることです。

こんな点にも注意を…

＊祭祀承継者が遠方に転居することになったら

祭祀を承継することになった者に、その土地を離れなければならないなど、やむをえない事情が生じた場合には、祭祀財産を処分することも許されています。不明朗なことを避けるためには、遺言執行者を指定しておくとよいでしょう。

3 身寄りがないので所有する全財産をゆかりの人や小学校などに遺贈する遺言書

この遺言を書く目的

相続人が1人もいない場合、財産は遺言で別段の指定がなければ国のものになってしまいます。それなら、世話になった団体や面倒をみてくれた人に恩返しをしたい、というのが、本遺言書の狙いです。

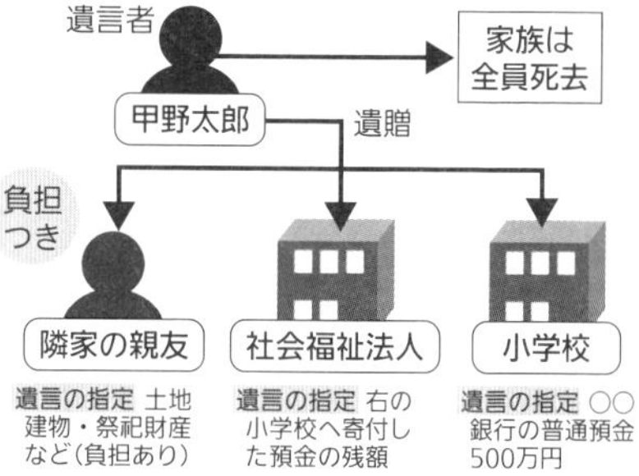

書き方のポイント

1 身寄りがいないと思っていても、ひょっこり相続人と名乗る者が出てこないとも限りません。しかし、このような条項があれば、遺贈を受ける権利は失われませんし、祭祀承継者の地位も保全されます。ただし、その相続人に遺留分があれば、その取戻しを請求されることになってもやむをえません。

2 祭祀をつかさどる負担に相応する財産を贈与することを明記し、「負担つき遺贈」とすることで、受贈者の義務をはっきりさせてあります。祭祀の内容について希望することがあれば、もう少し具体的に指示を書いてもよいでしょう。

アドバイス

受遺者《じゅいしゃ》（遺贈《いぞう》を受け取る者）が学校の場合、私立学校ならば学校法人、公立学校ならば市区町村あるいは都道府県が受取りの主体となります。このように、受遺者が法人の場合にはよいのですが、俳句同好会などの趣味の団体の場合には、簡単にはいきません。

そのように法人となっていない団体は、その団体自体が権利の主体として財産を受け取ることができません。とくに団体としての組織、規約、代表者の定めなど主要な点が確定していないと、遺贈された財産を誰がどう処分できるのかが不明確になって、問題が生じる心配があります。そういう場合は、組織の代表格の人などに使途をはっきり示して個人的に遺贈し、不安が残れば遺言執行者をつけるしかありません。

もう一つ大事なことは、受遺者は遺贈の放棄をすることができます。遺贈の放棄がされると、その部分は遺言の指定がなかったことになり、遺言者の意思が活かされません。そのためには、遺言者が生前に遺贈を受けてくれるかどうかを確認しておくことです。

書き方のポイント▼

遺　言　書

遺言者甲野太郎は、妻甲野花子に先立たれ、身寄りもまったくないので、私の所有する財産について、次のような遺言をします。

第１条　私の所有する○○銀行○○支店の普通預金（口座番号○○－○○）から、金500万円を、地震で一部崩壊した○○小学校の復旧資金として遺贈します。

第２条　前記預金の残額については、晩年私がお世話になった社会福祉法人ゆりかご会に遺贈します（ただし、後記遺言執行者の報酬はこれから差し引きます）。

第３条　私が現在所有している後記土地・建物（家財道具、祭祀財産も含む）については、入院時に大変お世話になり、日頃から親しい付き合いをしている隣家の乙野次郎氏に遺贈します。これを処分換金したものの一部を私の葬儀・埋葬・法要などの費用に当て、面倒をみていただくことを同氏にお願いします。

土地　東京都○○市○○町○丁目○番地○号所在の宅地○○○㎡

建物　前記所在の居宅（家屋番号○○○）床面積○○○㎡

第４条　遺言執行者に私の古い友人でもあり、碁敵でもある弁護士の丙野三郎氏を指定します。遺言執行者には不動産の所有権移転手続きをする権限、並びに預金の名義書換え、払戻しをする権限を与えます。

また、必要な手数料並びに報酬の出所については、第２条に記載した通りです。

令和○○年○月○日

東京都○○市○○町○丁目○番地○号

遺言者　甲野太郎　㊞

1（第１条・第２条・第３条）

2（第３条後段）

こんな点にも注意を…

＊信頼できる遺言執行者の選任が不可欠

相続人がいないので、遺言者の死後、財産の処分を責任をもって行なってくれる人が必要です。遺言執行者がその役目を担います。信頼できる人を遺言執行者に選んでください。本事例のように、財産を遺贈する相手が複数になる場合には、生前に遺言執行者と綿密な打ち合わせをしておくことも大事です。

★財産以外のことについての思いを記す遺言の書き方

子の認知／残される者のための後見の手配／葬儀のやり方について…など

◎遺言書には何を書いてもよいが……

遺言は、遺族に対して遺言者が残す最後のメッセージです。遺族はこれを尊重して、遺言者の遺志を実現するよう努力することが期待されます。

ただ、遺言書に「先祖を敬い兄弟は仲良くせよ」とか「葬儀は簡素に、香典や花輪は辞退せよ」と書かれてあっても、これは遺訓《いくん》であり、道徳的な説《せつ》諭《ゆ》や事務上の指示であって、法律上の効力を持つ「遺言」ではありません。

それでは、法律的な意味での「遺言」とは財産の処分について書かれたものに限るのかというと、そうではありません。民法で規定している法律上の効力を持った遺言の内容は、必ずしも財産処分のことに限られているわけではないのです。たとえば、愛人関係にある女性との間に生れた子を、自分の子であると認める「**認知**《にんち》」は、生前に行なうと家庭内でトラブルが生じ、延々と家族の非難を浴び続けることにもなりかねませんので、遺言者の死後に遺言によって認知をすることが認められています。

同じように、遺言者に虐待や侮辱を重ねる推定相続人（相続人となる予定の者）を相続人の地位からはずす「**廃除**《はいじょ》」も、生前に行なえば暴力ざたを招く心配がありますので、遺言によってすることが認められています。

たしかに、遺言の大半は財産の処分に関するものですが、ここに挙げたように、財産とは直接関係のないものについても、法律上効力を持つ遺言は認められています。

◎民法で効力の認められている遺言は

民法で法律上の効力を持つ遺言であると認められるためには、まず遺言者に**遺言能力**があることが必要です（満15歳以上であること、重度の認知症

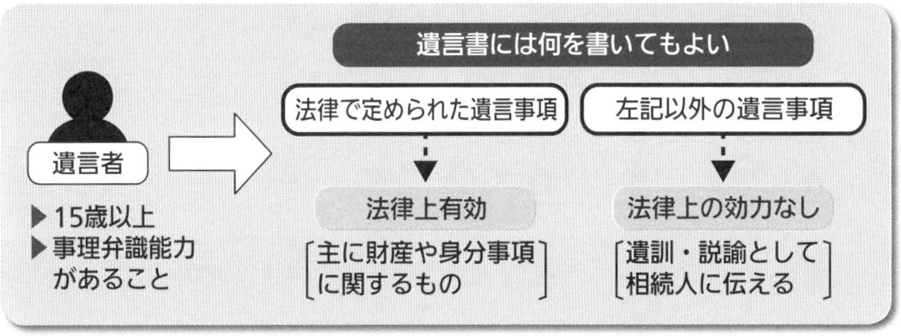

など通常レベルの判断能力がない状態ではないことが必要)。

また、遺言事項についても制限があります。法律上有効となる遺言事項については、民法の条文で定められており、主なものは次の通りです。

① 認知(民法781条２項)
② 財産の処分(民法964条)
③ 未成年者の後見人の指定(民法839条)
④ 未成年後見監督人の指定(民法848条)
⑤ 相続分の指定または指定の委託(民法902条)
⑥ 遺産分割方法の指定、指定の委託、分割禁止(民法908条)
⑦ 相続人相互の担保責任の指定(民法914条)
⑧ 遺言執行者の指定または指定の委託(民法1006条)
⑨ 受遺者又は受贈者の遺留分侵害額の負担の指定(民法1047条)
⑩ 特別受益者の持ち戻し免除の推定(903条4項)
⑪ 配偶者居住権(1028条)

もっとも、ここにあげた以外の事項を書いたとしても、それで遺言が無効になることはありません。むしろ、法律の効力うんぬんとは関係なく、書いておけば遺族のためになることもあります。葬儀・法要のやり方(特に方式の選択や「簡素に」といったこと、献体についてなど)は、遺族としても亡くなる人に特別な意向があるなら尊重したいでしょう。「兄弟仲良く助け合うように」「残されるお母さんを大切に」といった遺訓も、遺族に重く受け止められて事後の家族関係を支えるもととなれば幸いなことです。

ただ、そういったことばかり長々と書きつらねても効果は限られますし、まして法律的な効果は生じないということは頭の隅に置いておきましょう。

1 妻以外の女性との間に生まれた子を認知する遺言書

この遺言を書く目的

内縁の妻と認知した子に財産を与え、別居している正式の妻には相続させない旨を記した遺言書です。婚外子《こんがいし》は、たとえ父親が自分の子だと認識していても、認知がないと法律上の父子関係は発生しません。それゆえ遺言によって認知をし、具体的な遺産の受取り分も指定します。

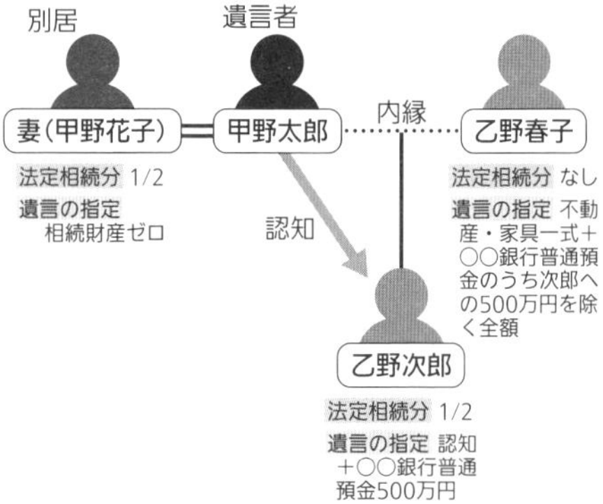

書き方のポイント

1 認知の効力は遺言の効力発生時に発生するので、認知された子に対しては、遺贈ではなく相続させると表現します。

2 妻とは15年もの間別居していたのであれば、生前に認知しても良かったでしょう。遺言執行者は遺言の謄本を添付して市区町村役場に届けなければなりません。

3 相続分がゼロでは、別居している妻から遺留分侵害額の支払請求がくるかもしれませんので、遺留分の放棄をしてくれるよう一筆書いておいた方がよいでしょう。

4 不動産の所有権移転手続きなどが必要な場合には、専門家に遺言執行者への就任を依頼した方がよいでしょう。遺言執行者は、複数でもかまいません。

アドバイス

正式の妻以外の女性との間にできた子については、父親はいつでもその子を**認知**《にんち》できます。遺言で認知することも可能です。ただし、その子が成年に達している場合には、その子の承諾が必要です（母親の承諾があれば胎児であっても認知できます）。

遺言執行者は、その就職の日から10日以内に、認知する旨の記載のある遺言書の謄本を添付して、市区町村役場に認知届を提出することが必要です。遺言書に遺言執行者の指定がない場合は、家庭裁判所に遺言執行者の選任を求めることになります。ただ、認知の効力は、届の有無とは関係なく、遺言の効力発生時に発生し、出生のときにさかのぼって父子関係が認められ、父の法定相続人となります。

書き方のポイント
▼

遺　言　書

遺言者甲野太郎は、これまで生きてきた人生を振り返り、反省の意味を込めて、以下のような遺言をする。

1．甲野太郎は自分名義の後記不動産及び家具一式を、内縁の妻である乙野春子に遺贈する。

　①　神奈川県〇〇市〇〇町〇丁目〇番地〇号
　　　宅地　〇〇〇㎡

　②　前記同所所在　家屋番号〇〇〇番
　　　木造瓦葺2階建居宅　1階〇〇㎡　2階〇〇㎡

2．甲野太郎は、乙野春子が平成〇〇年〇月〇日に出産した乙野次郎を認知する。乙野次郎には、甲野太郎名義の〇〇銀行〇〇支店の普通預金口座（口座番号〇〇－〇〇）から金500万円を相続させる。（1）

3．甲野太郎名義の前項の金額を除いた全ての預貯金その他全ての財産は、乙野春子に遺贈する。

4．15年前に別居した妻甲野花子には、別居するに際して東京都〇〇区〇〇町〇丁目〇番地〇号の居住用不動産を渡してあるので、相続する財産はゼロとする。（2）（3）

5．遺言執行者には、友人の弁護士丙野三郎氏（東京都〇〇区〇〇町〇丁目〇番〇号〇〇ビル2階）を指定する。遺言執行者には、前記不動産の所有権移転手続きをする権限、前記預貯金の名義変更及び払戻をする権限、その他この遺言を執行するための一切の権限を与える。◀（4）

　令和〇〇年〇月〇日

遺言者　　甲野　太郎　㊞

〈こんな点にも注意を…〉

＊遺留分の侵害には注意する

別居をしていた正式の妻の遺留分には注意が必要です。ただ、妻は別居するに際して生前贈与を受けていますので、遺留分の計算ではその額を差し引くことになります。この例の妻の遺留分割合は全遺産の4分の1ですが、その額から生前贈与された居宅の額を引くと、遺留分はなくなってしまいそうです。

2 未成年である子のために後見人を指定した遺言書

この遺言を書く目的

相続人が未成年者の場合には、相続することになる財産（とくに不動産や預貯金）の管理について、不安がつきまといます。

そこで遺言によって後見人を指定することになりますが、未成年者である子どものことをよく知っており、信頼のおける者を選ぶことが大切です。

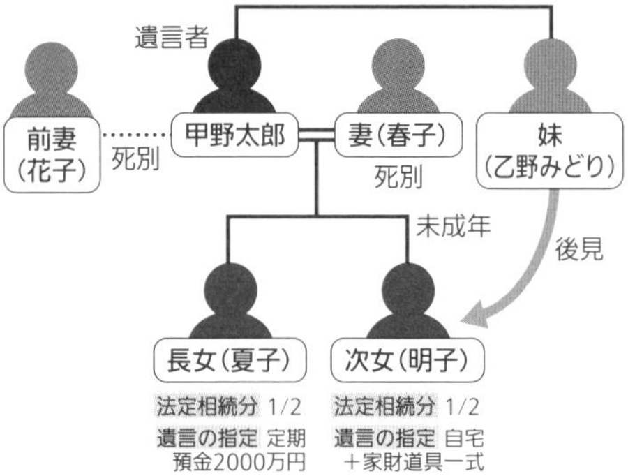

書き方のポイント

1 次女に不動産を相続させ、長女に海外留学のため現金を相続させたのは、それぞれの遺留分を考慮したためです。

2 後見人を指定したけれど、不安が残る場合には、やはり遺言で後見人を監督する後見監督人を指定することもできます。

アドバイス

相続人に未成年者がいる場合には、本例の遺言者のように最後に親権を持っている者は、遺言で**後見人**を指定することができます。未成年者の財産の管理や売却などは親権者が行ないますが、親権者がいない場合には後見人がこれを行ないます。親権を行使する者は、遺言によって後見人を指定できることになっています。

また、未成年者の財産の管理などを後見人一人に任せることに不安がある場合には、後見人を監督する**後見監督人**を遺言で指定することもできます。複数指名することも可能です。遺言によって後見監督人が指定されていなかった場合には、その未成年者の親族等は、家庭裁判所に申し立てて後見監督人の選任を請求できます。

指定された未成年後見人や未成年後見監督人は、就職の日から10日以内に遺言書の謄本《とうほん》を添付して後見開始の届出を市区町村役場に提出しなければなりません。

遺　言　書

書き方のポイント

遺言者甲野太郎は、前妻の甲野花子とは死別し、後妻の甲野春子との間に2子を設けたが、昨年甲野春子も亡くなった。遺言者も医者から肺ガンを宣告され、余命いくばくもない。長女の甲野夏子は21歳、次女の明子は17歳である。子どもの行く末が心配なので、次のような遺言をする。

1　遺言者は、現在居住している私名義の下記土地建物及び家財道具一式を次女の甲野明子に相続させる。（土地建物の表示略）　1

2　遺言者は、海外留学希望の長女夏子には、私名義の○○銀行○○支店の定期預金（口座番号○○○○）の2000万円を相続させる。　1

3　遺言者は、次女の明子が未成年者であるので、未成年後見人として下に記す私の妹の乙野みどりを指定する。　2

東京都○○市○○町○丁目○番地○号
乙野みどり（主婦）
昭和○○年○月○日生

4　遺言執行者として、私の友人である丙野次郎氏を指定する。

住所　東京都○○区○○町○丁目○番地○号
職業　司法書士　　丙野　次郎
昭和○○年○月○日生

なお、遺言執行者には、不動産の所有権移転手続きに関する権限、預貯金の名義更及び払戻しの権限を付与する。

令和○○年○月○日

東京都○○区○○町○丁目○番地○号
遺言者　　甲野　太郎　㊞

〈こんな点にも注意を…〉

＊遺言による後見人の指定がないと

親権者であった遺言者が、遺言により後見人を指定しないで亡くなった場合には、未成年者本人またはその親族、その他の利害関係人は家庭裁判所に未成年後見人の選任の請求をすることができます。

3 自分の葬儀や法要のやり方を指示した遺言書

この遺言を書く目的

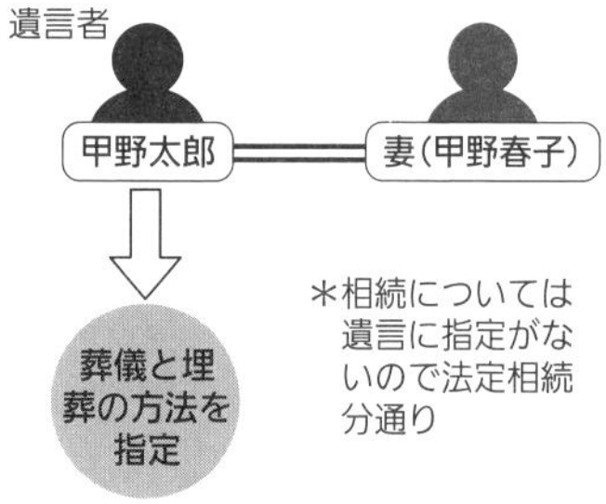

葬儀は自分の人生の締めくくりですから、自分の願い通りに行なってほしいというのも当然です。残された遺族に迷惑がかからないよう、生前に具体的な事柄について話し合いをしておき、心残りのない終末を迎えたいものです。

書き方のポイント

1 遺言で、自分の葬儀や法要のことを書いても一向にかまいません。ただし、法定遺言事項ではありませんので、相続人を拘束する力はありません。

2 どんな形の葬儀を行なうにせよ、死亡から葬儀までの時間は限られますので、生前に葬儀についての話し合いをしておくことが欠かせません。

3 葬儀・法要にかかる費用についても遺言しておきましょう。財産の相続と一緒に書いても一向にかまいません。

アドバイス

葬儀に関する日本消費者協会のアンケート調査によると、「葬儀の形式にこだわらない」「家族だけの葬儀でよい」という意見が約半数を占めています。豪勢な葬儀よりも、簡素で心のこもった葬儀へと葬儀に対する意識が変化しているようです。

自分の思い通りの葬儀をしてもらうためには、生前に葬儀を行なってくれる者と話し合いをして、詳細を決めておくことです。実際の葬儀の際には、当人はいないのですから、相談のしようがありません。

本事例では触れておりませんが、葬儀の形態にもよる話ですが、埋葬する墓地、戒《かい》名《みょう》、祭祀《さいし》の承継者についても、遺言で触れておきましょう。

このような遺言には、法的な拘束力はありません。しかし、遺言者の心からの最後の願いであることを強く訴えるものにしてください。

書き方のポイント▼

遺　言　書

遺言者甲野太郎は、これまで無宗教で通してきた。それゆえ、私の葬儀は、一般に行なわれているような業者に頼んで行なわれる葬儀・法要は行なわず、以下に述べるような葬儀を希望する。◀……1

2

1．私が死んだときは、本当に親しかった友人・知人、親戚に声をかけ○○ホテルに集まってもらい、「あばよの会」を開いてほしい。もちろん、花輪・香典の類は一切遠慮する。

2．「あばよの会」では、酒好きであった私のために、あらゆる種類の酒を振る舞ってほしい。また、音楽も好きだったので、バックミュージックとして60年代のポピュラー音楽を流してほしい。そこでは、古いアルバムを見ながら、思い出話で盛り上がってもらいたい。

3．私の遺骨は、夏になると毎年行っていた○○の海の沖合に散骨してほしい。

4．「あばよの会」に参列できなかった人に対しては、私の死後6か月経過後に、別紙の「お別れの言葉」を送ってください。

5．これらに要する費用は、妻甲野春子が受け取る生命保険金の中から支出するものとする。◀……3

6．おそらく型破りの葬儀を行なうことで、親族から文句が出ることもあろうかと思われる。その際には、故人の遺志ということで、この遺言書を示して納得させてほしい。

令和○○年○月○日

東京都○○区○○町○丁目○番地○号

遺言者　　甲野　太郎　㊞

こんな点にも注意を…

＊意外と葬儀には費用が掛かる

一般に、故人の葬儀は葬儀社に頼むケースが多いでしょう。ほとんど全部の手続きを代行してくれますので、遺族にとってはありがたいのですが、そのぶん費用も予想外にかかります。支払いは遺産の中から（さらに香典から）出せれば出してよいのですが、支払いの額と方法を業者に聞いて用意しておく必要があります。

4 医学の研究に資するため自分の遺体を献体する旨の遺言書

この遺言を書く目的

遺言者が自ら思うには、これまで社会のために何ら役に立つことをしてこなかったため、せめて死後には、自分の身体を医学の研究に役立ててもらいたい…というのが本遺言の趣旨です。遺言しておくだけでは不十分で、事前の登録を忘れないでください。

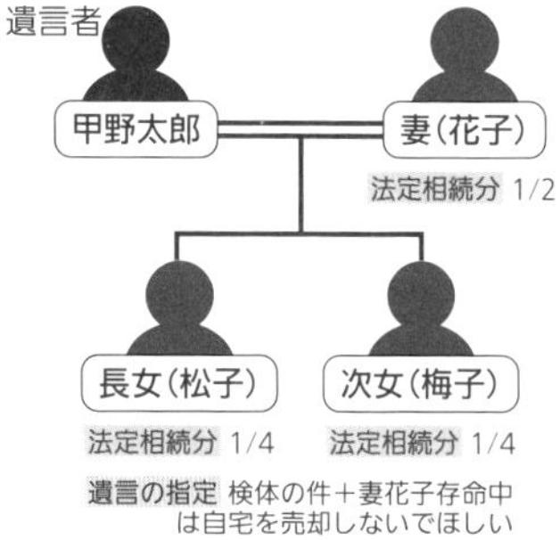

書き方のポイント

1 死後に献体を行なうには、事前に献体を行なう医科大学等に登録をしておく必要があります。登録番号などを書いておくことをお勧めします。

2 献体を実際に行なうかどうかは、家族に医科大学等から確認を求められますので、そのことについて家族に話しておくことも必要です。

3 献体の終わった後の遺骨の取扱いをどうするかについても、遺言で指示しておくことが必要です。

アドバイス

遺言者の死後、遺族が遺言を見て初めて献体《けんたい》の意向を知るようでは、気持ちの整理がつかず、強硬に反対する人が出てくることもあります。また、葬儀はあわただしくなされるもので、火葬がすんでしまってから遺族が遺言を読み（順序としてはそれが普通です）、献体の希望を知ったのではどうにもなりません。生前から献体の件を主だった人には伝え、了解を得ておきましょう。

さらには、まず通夜・告別式をすますか、遺体を大学等に送るのが先かについても決めておきましょう。先に大学等へ送った場合、実習は数年先になることも珍しくはないそうです。

実習終了後に遺体は大学等で荼毘《だび》（火葬）にふされますが、お骨を遺族に戻してほしければその意向を大学と遺族の両方に伝えておかなければなりません。

書き方のポイント

遺　言　書

遺言書の用紙を前にして、私の人生を振り返ってみると、本当に放蕩無頼の人生であった。今日まで、やくざな生活を送ってきて、社会にも、また家族にも迷惑のかけ通しだった。そのことを反省しながら、以下のような遺言を残すことにした。

1　私には財産と呼べるような物は、親の甲野一郎から相続した後記土地建物以外にない。これについては、妻の甲野花子、長女の乙野松子、次女の丙野梅子の３人で協議して相続してほしい。現に妻花子が住んでいる家であるから、松子と梅子は、自分たちの母の生前は母が住み続けられるよう、この家を売却しないことを望む。

①　土地　東京都○○市○○町○丁目○番地
宅地○○○．○○平方メートル

②　建物　東京都○○市○丁目○番地
家屋番号　○○番
木造瓦葺居宅　○○○．○○平方メートル

2　私はささやかな社会への恩返しとして、死後、私の身体を医学に役立てるため、○○医科大学に献体する。○○医科大学への献体登録はすでに済ませている。　1

3　○○医科大学より献体の同意を求められた場合は、私の意を汲み取り、皆これに同意してほしい。　2
なお、遺骨は妻の甲野花子が○○医科大学より受け取り、家族だけの葬儀を行なうよう希望する。　3

令和○○年○月○日

東京都○○市○○町○丁目○番地○号
遺言者　甲野　太郎　㊞

こんな点にも注意を…

＊献体をする場合は家族の了解を

人が死んだ後の遺体は、法律上は「物」として扱われます。生前に、「物」になった自分の身体を大学病院等に献呈するということも遺言で自由に決められます。ただし、親族等の承諾が求められますので、了解を取りつけておくことが必要。

★相続税対策としての遺言書の書き方

配偶者（妻・夫）の相続税額軽減制度を利用する法／養子縁組を利用する法／寄付を利用する法…など

◎相続税はどうなっているか

相続は遺産がもらえるのですから嬉《うれ》しいことなのですが、一定の額を超えると相続税を支払わなければなりません。相続税を支払う現金がなく、物納したり、不動産等を処分して現金化して支払う嬉しくない例もあります。

①　相続税の概要

相続税は、相続（あるいは遺贈《いぞう》）によって取得した財産にかかり、相続人が支払います。したがって、遺言者には関係ないようですが、相続税対策を遺言者がすることにより、相続税を少なくできる場合があるのです。

相続税の計算のしかたの概要は、以下のとおりです。

⑴**遺産総額の計算**…それぞれの遺産につき評価額を調べて合計します。相続時精算課税の適用を受けている贈与財産があればこれも加算します。

⑵**遺産額・正味の遺産額の計算**…⑴の遺産総額から非課税財産、葬式費用、債務（借金）を差し引いた額を出します。これに相続開始前３年以内の贈与財産があれば加算して、正味の遺産額を出します。

⑶**課税遺産総額の計算**…⑵で計算した正味の遺産額から基礎控除を差し引きます。基礎控除は、3000万円＋600万円×法定相続人の数（平成27年１月１日以降）です。

⑷**相続税の総額計算**…⑶の課税遺産総額を法定相続分どおりに相続したものとして各人の税額（法定相続分の額×税率）の合計を出します。

⑸**各人の相続税の計算**…⑷の相続税の総額を、各相続人（遺贈を受けた受遺者および相続時精算課税を利用した人含む）が実際に取得した正味の遺産額の割合に応じて按分《あんぶん》（比例配分）します。

⑹**各人が納める税額**…各人の相続税額から、配偶者の税額軽減、各種の税額

控除を差し引きます。これが各相続人が実際に納める税額です。

◎いろいろな相続税対策

上記した相続税の計算でもわかるように、相続税においては各種の控除などがあり、これを利用することによって節税をすることができます。なお、正味の遺産額が基礎控除額以下である場合には課税されることはなく、申告も不要です。

遺言により相続税対策ができるのは、控除をうまく活用する方法や、一定の方策を講じて遺言をする方法（下記①など）もあります。

① **遺産の評価額を少なくする**……一般的には、不動産を購入することにより、預貯金で持ったままよりも遺産の評価額を減らすことができます。相続税を計算する際のベースとなる資産評価額は、預貯金はお金の額面どおりですが、不動産は時価よりもかなり割り引いて評価されるからです。不動産については「小規模宅地等の評価減額の特例」もあり、また貸地・貸家による評価減などもあります。

　ただし、不動産の購入では登記料や不動産取得税などの支出がありますし、固定資産税も年々かかることになります。そのようなデメリットもありますので、全体としての損得について専門家に相談するとよいでしょう。

② **配偶者の税額軽減制度を活用する**……亡くなった人（被相続人）の配偶者が実際に取得した正味の遺産総額が１億6000万円までか、それを超える額でも法定相続分相当額以下であれば相続税はかかりません。

③ **生命保険金に加入する**……生命保険金のうち、500万円×法定相続人の数、までは非課税です。ただし、死亡はいつくるかわからず、高齢者の場合には保険料が高額であったり、加入できなかったりして、メリットがあるかどうかはわかりません。

④ **孫などと養子縁組をする**……孫などと養子縁組をすることにより、基礎控除額が多くなり課税対象となる遺産総額を減らすことができます。ただし、養子は実子がいるときは１人、実子がいないときは２人までしか認められず、相続税の納税義務がある場合には２割が加算されます。

なお、相続税の申告・納税は、相続人が相続の開始があった（親など被相続人が亡くなった）ことを知った日から10か月以内にしなければなりません。

1 妻に1億6000万円まで相続させるとする遺言書

この遺言を書く目的

吉田武夫さんには約2億円の財産があります。武夫さんには妻（道子さん）と長男（武一さん）、長女（菊子さん）がいます。このままだと多額の相続税がかからないか心配な武夫さんは、妻の相続税軽減制度を活用して、相続税を軽くする遺言を書くつもりです。

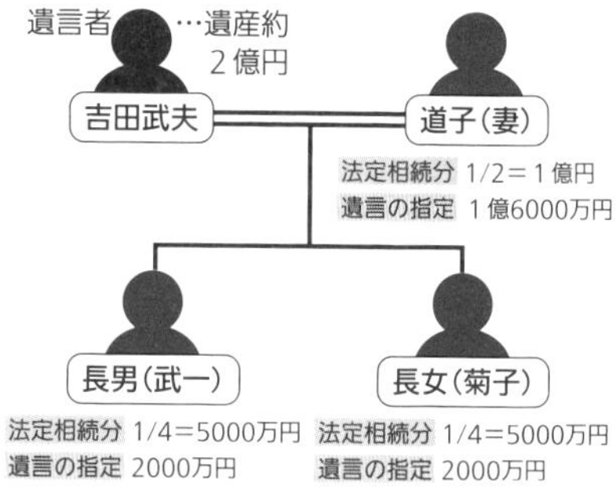

アドバイス

配偶者（妻）には相続税の税額軽減（**配偶者控除**）があり、これを活用すると相続税を大幅に減額することができます。配偶者の相続額が1億6000万円か、法定相続分（本例では2分の1）までは非課税です。本例のとおり遺産額が約2億円、妻に1億6000万円を相続させた場合の相続税は下表のように計算します。

【遺言がなかった場合】

①課税遺産総額

2億円－(3000万円＋600万円×3)＝1億5200万円

②相続税の総額⇒法定相続と仮定して計算＝2700万円

妻　1億5200万円×1/2×30%－700万円＝1580万円
長男　1億5200万円×1/4×20%－200万円＝560万円
長女　1億5200万円×1/4×20%－200万円＝560万円

③各相続人の税額(実際の相続額で按分)

妻　2700万円×1/2＝1350万円(⇒軽減で0)
長男　2700万円×1/4＝675万円
長女　2700万円×1/4＝675万円
納付税額 1350万円

【遺言があった場合】

①、②は左と同じ

③各相続人の税額(実際の相続額で按分)

妻　$2700万円 \times \frac{1億6000万円}{2億円} = 2160万円$ (⇒軽減で0)
長男　$2700万円 \times \frac{2000万円*}{2億円} = 270万円$
長女　$2700万円 \times \frac{2000万円*}{2億円} = 270万円$
納付税額540万円

＊長男・長女の実際の相続額＝(2億円－1億6000万円)×1/2＝2000万円

◆相続税の速算表（平成27年1月1日以降）

法定相続分での取得額	税率	控除額	法定相続分での取得額	税率	控除額
1000万円以下	10%	—	2億円以下	40%	1700万円
3000万円以下	15%	50万円	3億円以下	45%	2700万円
5000万円以下	20%	200万円	6億円以下	50%	4200万円
1億円以下	30%	700万円	6億円超	55%	7200万円

遺　言　書

私は、次のとおり遺言する。
1　妻の道子に、1億6000万円分の遺産を相続させる。……1
2　長男の武一、長女の菊子には、上記の1億6000万円分を除く遺産について各自2分の1ずつを相続させる。……2
3　妻の相続額が、他の相続人の遺留分を侵害することになるとしても減殺請求をしないようにお願いする。……3
令和○○年○月○日

遺言者　　吉田武夫　㊞

左ページのような計算の結果、1310万円の相続税が524万円ですむことになります。

書き方のポイント

本例は、相続税対策として、配偶者（妻）に遺産額約２億円のうちの１億6000万円分を相続させることにした遺言の文例です。

1 妻に相続させる遺産の額を１億6000万円と書きます。妻の相続税に関しては、実際の相続で取得した額が１億6000万円までか、法定相続分までは税金はかからないからです。

2 その他の財産については、長男と長女に平等に相続させる内容です。

3 妻への相続が遺留分を侵害することになった場合を考慮して、条項３のような付言を入れておくとよいでしょう。

こんな点にも注意を…

配偶者の税額軽減（配偶者控除）により、課税されない相続額は１億6000円までか、法定相続分までのいずれか多い方の遺産額です。したがって、遺言で配偶者の相続分を多くして節税できるのは遺産が３億2000万円未満の場合です。

なお、遺言により配偶者に法定相続分を超えて相続させることが子の側に不公平感を生まないかという点についてですが、子にとってはさして問題ではないようです。将来、配偶者（子にとっては親）が死亡すれば、配偶者が取得していた遺産はその子に相続されるからです。ただし前妻の子がいるなどの場合は別です。

2 小規模宅地の評価の特例を活用して税金を減らす遺言書

この遺言を書く目的

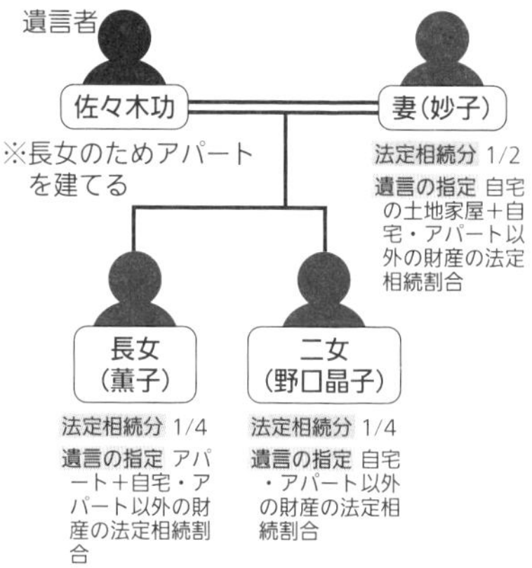

佐々木功さんには、自宅不動産（約２億円）と預貯金約3000万円の資産があります。現在、妻（妙子）と長女（薫子＝障害者）の３人暮らし。子は 長女の他に、嫁いだ二女（晶子）がいます。功さんは、自分が死んだ後の薫子さんのことが心配です。いろいろ考え、約330㎡ある自宅（時価約２億円）の庭にアパートを建てて、長女に相続させる遺言をすることにしました。

書き方のポイント

本例は、佐々木功さんがまだ現実にアパートを建てているわけではありませんが、これからそれを実現させて不動産貸付業を営んでいることにした遺言です。

1 妻に自宅を、長女に○○アパートを相続させるとし、相続させる人および相続させる物を特定したものです。

2 その他の財産について、法定相続分の割合で相続させるとする内容です。つまり、妻は自宅、長女はアパートに加えて、その他の財産についても法定相続分の割合により相続することになります。

3 条項３は付言事項です。気になるところですから書いておくとよいでしょう。相談する税理士を記載しておくのも現実的です。

アドバイス

① 不動産貸付業の事業用宅地の評価には特例があり、本例のアパート等の事業用宅地の場合、特定事業用宅地に該当すれば評価額は80%（限度面積400㎡）も減額されます。ただし、この特例の適用には、一定の要件がありますので、相続税対策を考えてアパートを建てる場合には、必ず専門家（税理士など）に相談してください。なお、本例とは別ですが、居住用宅地については、亡くなった人と同居の相続人がいれば

書き方のポイント ▼

遺　言　書

私は、次のとおり遺言する。

1　妻の妙子に、自宅の土地家屋（下記表示）を相続させる。　……1

土地の表示　（略）

家屋の表示　（略）

2　◯◯アパートは、長女の薫子に相続させる。　……1

土地の表示　（略）

家屋の表示　（略）

3　上記以外の財産については、妻の妙子、長女の薫子、二女の野口晶子に法定相続分の割合で相続させる。　……2

4　なお、◯◯アパートの相続税については「小規模宅地等の特例」により評価額が減額されることを付言しておく。　……3

令和◯◯年◯月◯日

遺言者　　佐々木功　㊞

330㎡までの部分について評価額が8割減額されます。

②　本例は、約2億3000万円の財産のケースですが、このうちの自宅不動産の土地の評価額を2億円として、この不動産の評価額がどうなるかを見ていきましょう。

【長女の相続不動産（アパートの土地200㎡）の評価額】

・アパートを建てないとき⇒1億円

・アパートを建てると⇒小規模宅地等の特例が適用になると5000万円（50%に減額）

以上のように、アパートを建てて事業を営むと約5000万円の評価減となります。

なお、妻が相続する自宅の土地の評価も小規模宅地等の特例が適用になると1億円の評価額なら2000万円（80%を減額）となります。ただし、アパート経営が順調にいくことが、この特例を利用する大前提です。

〈こんな点にも注意を…〉

本例は、アパートを建てて遺言により相続させ、小規模宅地等の特例を活用して相続税を少なくするというもので、資産を預貯金などから不動産に変えて相続税の評価額を低くする方法による節税策の一つともいえます。ただし、アパート経営には建築資金が必要ですし、入居率が低ければ経営が順調にいくとは限りません。節税策を含め、十分な検討が必要です。事前に専門家（税理士など）に相談を……。

3 孫と養子縁組をしていることを告げ相続税を減らす遺言書

この遺言を書く目的

山口孝明さんには約２億円の資産がありますが、ほとんどが不動産です。孝明さんには妻（明美さん）、一人息子の啓一さんがおり、啓一さんの子（孫）の一樹君がいます。

孝明さんは、このままでは多額の相続税を払わなければならないのではと悩んでいます。そこで、孫の一樹君と養子縁組をして、相続税の軽減を図りたいと考えて、その旨の遺言を残したいと思っています。

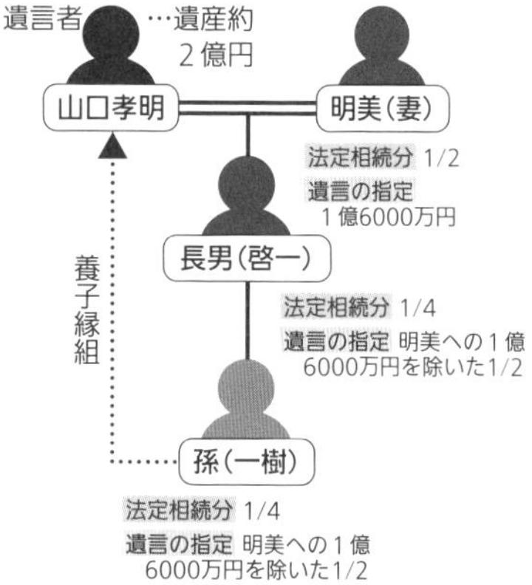

書き方のポイント

本例は、孫と養子縁組をし、かつ、妻に相続税が課せられない１億6000万円分の遺産を相続させて節税をはかる遺言書です。

1 条項１は、孫と養子縁組をしていることを宣言する内容ですが、養子縁組をしている場合、遺言で相続人であることを明確にするのもよいでしょう。

2 条項２は、妻に相続税が課せられない１億6000万円分の遺産を相続させるというものです。

3 条項３は、長男と養子縁組みした孫に、妻に相続させた財産以外の財産を平等に相続させるというものです。

アドバイス

① 養子縁組をするメリットは、養子縁組をすることにより相続人が増え、基礎控除が１人につき600万円増えることです。また、孫との養子縁組では、本来、親から子、子から孫へと２回にわたる相続が１回ですみます。但し、基礎控除に算入できる養子縁組は、実子がいる場合は１人、実子がいない場合は２人までです。

② 養子縁組をして相続税対策の遺言をした場合と、養子縁組や遺言をしなかった場合の相続税を比較すると、次のように大きな違いが出てきます。

配偶者の相続税額軽減制度を利用する法／養子縁組を利用する法 ／ 寄付を利用する法…など

書き方のポイント▼

遺　言　書

私は、次のとおり遺言する。

1　まず、私と山口一樹が養子縁組をしていることを告げる。山口一樹は長男の啓一の子で、私の孫である。 1

2　私の遺産については、妻の明美に自宅を含む1億6000万円分の遺産を相続させる。 2

3　その他の財産については、長男の啓一と孫の一樹に2分の1ずつ相続させる。 3

令和〇〇年〇月〇日

遺言者　　山口孝明　㊞

【養子縁組も遺言もしなかった場合…遺産額2億円】

相続人…妻　相続税額⇒配偶者の税額軽減により0
　　　　子　相続税額⇒ 1580万円
相続税合計 1580万円

【養子縁組をし遺言で妻に1億6000万円分の相続をさせた場合…遺産額2億円】

相続人…妻　相続税額⇒配偶者の税額軽減により0
　　　　子　相続税額⇒262万円
　　　　孫（養子縁組）　相続税額⇒262万円
相続税合計 524万円

以上の計算から、相続人が納める総額は1056万円の減額となります。

＊相続税の計算方法については186ページ参照

こんな点にも注意を…

養子縁組による節税だけでは、養子縁組者の分（1人の場合1000万円）の基礎控除が減るだけで、大きな節税の効果は出ません。そこで、本例では配偶者の税額軽減と合わせて節税を行う遺言書としました。

なお、孫と養子縁組をする場合、他の子にも孫がいる場合、孫に対する扱いが違うとしてトラブルともなりかねませんので、配慮が必要です。

4 寄付をすることで相続税を支払わなくてよいようにする遺言書

この遺言を書く目的

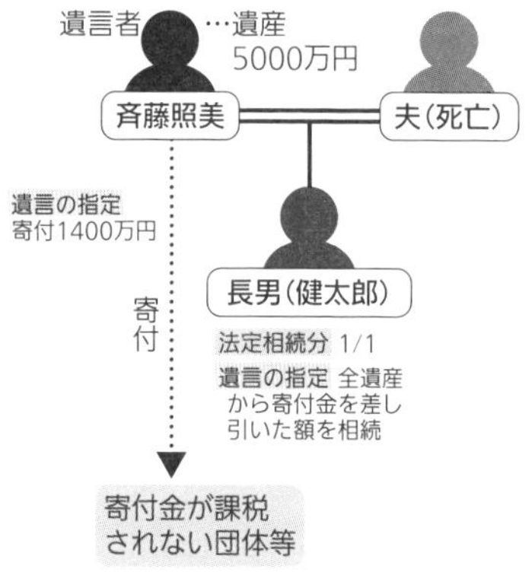

斉藤照美さんは、現在、有料老人ホーム暮らしです。資産は預貯金と有価証券など約5000万円ほどあります。夫はすでに死亡しており、一人息子の健太郎君は海外暮らしで、ほとんど会うこともありません。照美さんは最近病気がちで入退院を繰り返しています。

そこで、照美さんは遺産をどうしようかと考えています。息子が相続税を払うことになるようなら、遺産の一部を寄付する遺言をしたいと思っているのですが……。

書き方のポイント

本例は、まず計1400万円を病院と菩提寺《ぼだいじ》とに寄付し、その他の財産を基礎控除額（本例の場合は3600万円）以下に抑えて、相続税を０にするというものです。

1 どこに、いくら寄付するかを明記して特定します。寄付金控除ができる寄付先なのかどうかは、寄付しようと思っている団体か最寄りの税務署などで確認する必要があります。

2 寄付金以外の財産については、長男に相続させることを明記します。

アドバイス

相続や遺贈によって取得した財産を、国や地方公共団体または特定の公益を目的とする事業を行う特定の法人などに寄付した場合や、特定の公益信託の信託財産とするために支出した場合は、その寄付をした財産や支出した金銭は相続税の対象とはなりません（特例）。

ただし、その金銭を相続税の納付期限までに支出すること、相続税の申告をすることなどが、この特例の適用要件となっています。

遺　言　書

私は、次のとおり遺言する。

一　私の遺産のうち、下記の団体にそれぞれ700万円ずつ寄付する。

(1)○○医療法人　　（住所略）

(2)○○寺（菩提寺）（住所略）

一　その他の財産については、長男の健太郎に相続させる。

令和○○年○月○日

遺言者　　斉藤照美　㊞

書き方のポイント

1

2

〈こんな点にも注意を…〉

「寄付金について相続税が課税されない特定の法人等」に寄付して相続税額が減ったとしても、相続人に渡る相続額が多くなるというものではありません。寄付した分、課税される遺産額が少なくなるということは、相続人の相続額もその分、減るということです。

◆遺言をする前にしておきたい節税対策

節税対策は、生前に贈与などの方法により行っておくのがベターです。

遺言による節税対策には限界があるからです。以下のような贈与税の控除を活用して、自分の財産を減らして相続税対策をする方法もあります。

【贈与の基礎控除の活用】

財産の贈与をする場合、非課税枠は年110万円です。少ない額のように思えますが、10年間続くと結果的1100万円分の贈与が贈与税なしで可能です。こうして贈与さた財産には、相続税が課税されることはありません。（但し、３年以内に相続が発生すると、課税されます。）

【配偶者への住宅資金の贈与】

婚姻期間が20年以上の夫婦の間で、居住用不動産または居住用不動産を取得するための金銭の授受がおこなわれた場合、贈与税の基礎控除の110万円の他に、最高2000万円までの控除ができるという特例（一定の要件がある）があります。

5 相続財産に債務（借金）があることを告げる遺言書

この遺言を書く目的

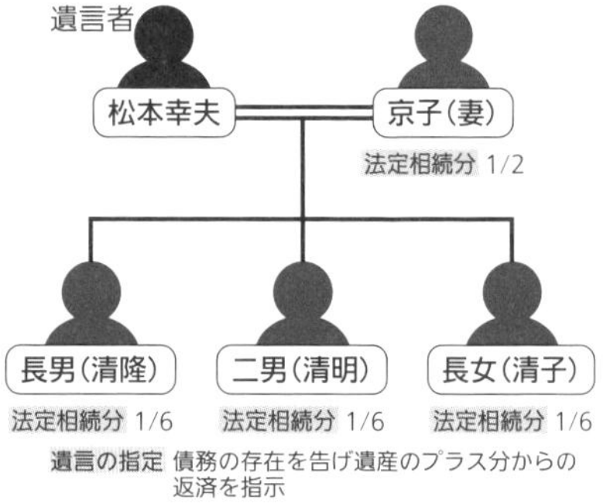

松本幸夫さんは、株式会社松本食品の社長です。若いころからの激務のため持病を多く抱え、入退院を繰り返しています。資産は約５億円と高額で、相続税も高額になることが予想されますが、多額の借金もあります。

そこで、相続税を減らすために多額の借金があることを遺言で告げておきたいと思うのですが…。

書き方のポイント

本例は、遺言者が自分に債務（借金）があることを告げ、その返済と相続税の計算において遺産から債務を差し引くことを指示したものです。

1 条項１は、自分には債務があること、および相続人がその債務を返済すべきことを指示するものです。

2 条項２は相続税の計算において、負債が遺産から差し引けることを念のために指示したものです。

3 債務についての記述は省略しましたが、負債先を特定する必要があります。個人からの借入れ債務の場合は、氏名・住所を明記するようにしましょう。

アドバイス

債務は、遺産の総額から差し引くことができます。その結果として、相続税は少なくなります。

こうした遺言がどうして必要かといえば、死亡後に相続人たちが債務について把握するのは困難な場合があるからです。

もちろん、債務について生前に相続人等に伝えておくという方法もありますが、なかなか借金については話しづらく、また、どうせなら遺言のような形式できちんと相続人に伝えておきたいという場合もあるでしょう。

書き方のポイント ▼

遺　言　書

私は、次のとおり遺言する。

1　私には多額の資産があるが、多額の債務もある。私が死んだら下記の債務について全額遺産から返済すること。◀……1

2　相続税の申告に当たっては、負債の記載に付き遺漏がないように付言する。◀……2

3

（負債）

(1)　省略

(2)　省略

(3)　省略

⋮

令和〇〇年〇月〇日

遺言者　松本幸夫　㊞

なお、税法上、遺産総額から差し引けるものには負債のほかに非課税財産があります。

①　墓所、仏壇、祭具など

②　国や地方公共団体・特定の公益法人に寄付した財産

③　生命保険金のうち『500万円×法定相続人の数』の額まで

④　死亡退職金のうち『500万円×法定相続人の数』の額まで

となっています（③、④は平成27年５月現在）。

〈こんな点にも注意を…〉

相続税の計算においては、遺産から差し引けるものはきちんと差し引き、計算します。また、相続税には各種の控除がありますので、該当する控除は必ず差し引くことです。

なお、顧問の税理士がいる場合には、相談すべき人として、遺言書にその人の名前・事務所（できれば住所も）を記載しておくのもよいでしょう。遺言する側としては、控除を受けるには必ず要件がありますので、そのような要件をクリアする状況を作って遺言することです。

1 弁護士への相談のしかた＆頼み方

▶遺言内容のチェックから手続き全般まで任せられる

■まず相談してみることから

遺言の最大の弱点はといえば、遺言に関して何らかの問題点が浮かび上がったときには、その遺言についていちばん熟知している遺言者本人が死亡していることです。そのため、遺言者が予想すらしていなかったトラブルへと発展してしまうことがあり、それを遺言者自身が出ていっておさめることができないのです。

遺言者は、基本的に遺言書には何を書いてもよいのですが、やはり中心になるのは遺産の処分のことであり、相続人の受取り分や身分に関することです。これが何らかの問題点の内在する内容のものだと、争いの火が大きく燃え上がることにもなりかねません。

紛争予防のために手っとり早いのは、**自分で遺言書の下書きを書いてみて、これを法律実務の専門家である弁護士に見てもらい、アドバイスを受けること**です。

そうすれば、相続を受ける側の感情面はともかく、法律上のルールにはきちんと則った遺言書ができあがります。遺言者が亡くなったあとで遺言の形式や内容に法律的な不備が見つかって、相続人同士では収拾がつけられなくなるような事態を、あらかじめ避けることができるでしょう。

相談する際には、財産に関する目録、相続人に関することがらなど、必要な資料を用意して相談することが大切です。弁護士の側からも、こういった事項について教えてほしいと求められるでしょうから、できるかぎり正確なものを提供するよう努めてください。そうしないと、正しいアドバイスも返ってきません。

自分では完璧な遺言書だと思っていても、専門家の目から見れば、やはり問題を起こしそうな内容が見つかるものです。もし、弁護士の言っていることがよくわからなければ何度でも質問してください。

■弁護士はどのようにして捜すのか

では、相談する弁護士は、どのようにして捜せばいいのでしょか。弁護士は相談者の大事な情報、人に知られたくない情報も知ることになります。そのためには依頼者との信頼関係をいちばん大切にします。

靴や洋服を買うように、看板やイエローページを見て、いきなり法律事務所に飛びこんで行っても、まず相談には乗ってもらえないでしょう。弁護士には、相談者がどのような人かまったくわからないからです。

よく利用されている方法は、親戚や知人に弁護士に知り合いがいないか確認することです。その人の紹介があれば、多くは相談に乗ってもらえます。

そのようなツテがない場合には、全国にある**法テラス**に相談してみてください。そこで弁護士を紹介してもらえるでしょう。

そのほか、各地にある**弁護士会の法律相談センター**、**市区町村で行なっている法律相談**に行くという方法もあります。弁護士会や市区町村のホームページをみれば法律相談についての情報が載っています。もちろん電話をかけて尋ねてもよいのです。

■弁護士には高い費用がかかるのでは

弁護士というと高額な費用を請求されると思っている人は多いようです。確かに、訴訟となる事件を依頼する場合には、それなりの費用がかかります。

しかし、相談だけですと、30分以内5000円（税別）というのが相場です。

かつては弁護士費用については、日本弁護士連合会で定めた「弁護士報酬規定」で値段が決められていましたが、現在は弁護士と依頼者が自由に取り決めできることになっています（ただ、実情をいえば、元々あった弁護士報酬規定に準じるケースが多いようです）。

要は、弁護士に何を依頼するか、です。**相談だけなのか、遺言書の作成を頼むのか、遺言執行者を頼むのか、遺言書を保管してもらうのかなどによって、費用は異なります。**

いくらかかるのかを聞くのは失礼にあたると思われがちですが、そのようなことはありません。むしろ、最初にどれくらいかかるかをしっかり確認することで、信頼関係は築かれていくものです。

2 公証人への相談のしかた＆頼み方

▶証明力が高く保管の不安もない公正証書遺言の作成を依頼

■遺言なら公正証書と言われる理由は

よく、遺言をするなら**公正証書**にした方がよいといわれます。人によっては遺言書は公正証書にしなければならないと思っていることもあります。これにはいくつかの理由があります。公正証書遺言は、３通作成され、そのうちの１通の原本は公証役場にある厳重な書庫に保管されます。正本と謄本の２通は遺言者に交付された分が、紛失したり、あるいは火事や災害にあってなくなっても、遺言が無効になることはないからです。

もう一つの理由は、公正証書遺言を作成するのは、検事や判事などをしていた人の中から法務大臣によって任命された公証人が行い、法律上のミスなどもチェックしてくれますし、遺言書をめぐって裁判で争われた場合も、信用力が一般の遺言書よりも格段に強いからです。

また、一般の遺言書ですと、遺言者が死亡し遺言書が発見されたときには、遺言者の住所地を管轄する家庭裁判所に出かけていって**検認手続き**を受けなければなりませんが（但し、74ページ参照）、**公正証書遺言**ではその必要はありません。

■公正証書遺言を作成するには

公正証書遺言を作成してもらうには**公証役場**《こうしょうやくば》（**公証人役場**《こうしょうにんやくば》ともいう）に出向かなければなりません。公証役場はほとんどの都市に設けられています。管轄は定められていませんので、どこの公証役場でもかまいません。所在地や電話番号はインターネットのサイトや電話帳で簡単に調べられます。

公証役場では、遺言者が間違いなく本人であるどうかを確認するため、自分の実印と印鑑証明書（運転免許証またはパスポートと認印でも可）を持参します（公証人と面識がある場合は不要）。

また、公正証書遺言を作る際には、証人２人の立ち会いが必要です（親族は証人にはなれません）ので、同道します。証人を頼める適当な人がいなければ、費用はかかりますが公証役場で紹介してもらえることもあります。

遺言者は、遺言したい内容を口頭で公証人に伝えます（実際には、あらかじめ文書で作った下書きを使うことが多いようです）。公証人は、法律的なアドバイスをしながら、公正証書の文案をつくり、これを遺言者と証人に読み聞かせ、間違いがなければ署名押印をさせ、最後に公証人が署名押印をすれば終了です。

遺言の原本は、公証役場で保管され、遺言者には正本と謄本が渡されます。

■費用はどれくらいかかるのか

自分で作る自筆証書遺言なら費用はほとんどかかりませんが、公正証書遺言は、安全で確実さが保証されるかわりに費用もかかります。公証人の手数料は、遺言の対象となった相続財産の額によって下の表のとおり変わります。

相続財産の価額	公証人の手数料
100万円まで	5000円
～200万円まで	7000円
～500万円まで	11000円
～1000万円まで	17000円
～3000万円まで	23000円
～5000万円まで	29000円
～1億円まで	43000円
～3億円まで	5000万円上がるごとに13000円加算
～10億円まで	5000万円上がるごとに11000円加算
10億円超	5000万円上がるごとに8000円加算

●公証人の手数料は、相続人ごとにかかる金額です。1通の遺言書でも、相続人が複数いれば、各相続人ごとに手数料を計算し、足し算します。

その他、用紙代数千円と証人を依頼する場合には日当がかかります。

なお、遺言者が病人である場合などには、公証人に出張してもらえます。この場合には、1.5倍程度に費用が加算されます。また案内も必要です。

●相続財産が1通の遺言書につき1億円以下の場合、1万1000円（相続人が複数いてもこの額は変わらない）が上の手数料に加算されます。

●手数料については、具体的な金額は公証役場に問い合わせて下さい。

3 遺言信託の相談のしかた＆頼み方

▶遺言書作成・保管のサポートから相続財産の運用まで扱う

■遺言信託とはどんなことか

遺言信託の本来のしくみは、遺言者が相続を受けさせる相手が未成年や重病のため財産の管理能力がない場合に、信託銀行等に相続財産を委託して管理・運用をしてもらい、その収益を相続人が受け取るというものです。

しかし、大半の信託銀行や都市銀行などが行なっている遺言信託業務は、以下に述べるようにやや異なったものになっています。

具体的には、主に遺言書作成にあたっての相談業務、遺言書の作成支援、遺言書の保管までをサポートする契約と、遺言者の死亡後も引き続いて遺言執行者として遺言内容の実現をはかる契約の２種類があります。

遺言信託で扱う遺言は、財産に関することに限られ、相続人の廃除《はいじょ》とか、子どもの認知《にんち》などについては扱われませんし、また遺留分《いりゅうぶん》を侵害するような場合にもトラブルがおきる可能性が高いので、扱われません。

遺言信託を利用するメリットは、金融機関という組織が扱うものですから数十年先まで安心して預けられること、また、資産運用の相談や税金対策などトータルな専門的アドバイスが受けられることなどです。他方、デメリットは後述するように基本手数料など費用が高く、誰もが手軽に利用できるという内容にはなっていないことです。

■遺言信託業務の具体的内容は

信託銀行等と遺言信託契約を結んだ場合の一般的な手続きの流れは、右ページの図の通りです。

なお、信託銀行からは、定期的に相続人や相続財産の状況、遺言内容の変更の有無などについて照会があり、もし変更があればそれに応じた対応がとってもらえます。

❶ 遺言書の作成に関する相談・文案の作成
↓
❷ 公証役場での公正証書遺言の作成（自筆証書遺言や秘密証書遺言は取り扱われていません）
↓
❸ 信託銀行等による遺言書の保管（遺言者死亡の場合に銀行に知らせる通知人を決めます）
↓
❹ 通知人より死亡の連絡後、相続人や受遺者に対して遺言執行者の就任を通知、財産目録の作成・報告
↓
❺ 遺言の執行
↓
❻ 遺言執行の終了通知

■遺言信託を利用する場合の費用は

遺言信託には、基本手数料のほかに、相続が開始するまで毎年発生する遺言書保管料や遺言執行報酬などがかかります。

遺言信託を扱っているのは、民間の信託銀行や都市銀行などですから、費用は統一基準はなく違いはありますが、大まかな目安は以下の通りです。

① 契約時の基本手数料　約５～10万円
② 遺言書の保管料　年5000円～１万円
③ 遺言書の内容変更手数料　約５万円
④ 遺言執行報酬　最低報酬が約100万円で、相続財産の0.5%～２%程度（相続財産によって変わる）

このほかにも、公正証書遺言作成費用、不動産登記簿謄本（全部事項証明書）・戸籍謄本の請求費用などがかかります。

遺言信託は、前にも述べたように、遺言者の財産を管理・運用することによっ得られる利益を利用者に支給することが目的の一つですから、信託銀行等も不動産や動産等の財産が１億円を超えるような資産家を対象としているように思われます（現状でもこのような資産家が多い）。利用する場合には、信託銀行等とよく相談した上で利用すべきでしょう。

4 その他の専門家への相談＆頼み方

▶司法書士／行政書士／税理士への相談・依頼はこうする

■どんな場合に司法書士を頼むか

司法書士というと、登記の専門家と思われがちですが、司法書士の取り扱う業務は、それに限られるものではありません。裁判所へ提出する訴状や準備書面、法務局に提出する各種の登記申請書などの書類作成のほか、本人にかわって登記手続きも行なうなど、幅広い業務を行なっています。

相続に関して言えば、相続人の相続関係を明らかにする書面である戸籍謄《こせきとう》本《ほん》（全部事項証明書）や除籍謄本《じょせきとうほん》の調査や取り寄せをやってもらえますし、不動産についての相続登記もやってもらえます。

司法書士の特色は、気軽に相続の相談ができることです。司法書士の報酬もかつては基準が定められていたのですが、現在は相談者と話し合って決めることになっています。

相続登記も、不動産の価格にもよりますが、数万円ですむ例がほとんどですので、相談する際にいくらくらいかかるかを尋ねてみてください。

■行政書士を頼む場合

行政書士の仕事は、「他人の依頼を受けて報酬を得て、官公署に提出する書類その他権利に関する義務または事実証明に関する書類を作成すること」と定められています。

相続に関して言えば、相続人を確定するための戸籍謄本や除籍謄本の収集はもちろん、相続の手続きに関する相談や遺産分割協議書の作成、遺言書作成に関するアドバイス等を受けることもできます。

行政書士は、ここには書き切れないほど幅広い業務を行なっていますので、困っていることがありましたら、気軽に相談してみることです。

なお、行政書士の報酬も、一律に定められた基準額がなくなりましたので、相談する際に報酬についての説明を受けた上で依頼することが大切です。

■税理士に頼む場合

税理士は依頼者の求めに応じて、「税務代理」「税務書類の作成」「税務相談」を行なうことを業務としています。税理士というと、税金の専門家と見られがちですが、相続の分野でも依頼人の役に立っています。

相続人同士で遺産分割協議を行なう場合に問題になるのは財産の評価です。不動産はもちろんのこと、いろいろな財産によっても評価の仕方が異なります。このような相談も税理士に依頼できます（なお、不動産については、価格鑑定の専門家として、**不動産鑑定士**がいます）。

相続税は、現在3000万円プラス600万円×法定相続人数が基礎控除として認められていて、たとえば相続人が３人いると遺産総額が4800万円までは非課税ですみます。

また、節税策として、配偶者の税額の軽減特例や小規模宅地の評価の特例、未成年者控除や障害者控除といった税額控除もあります。さらに退職金控除や生命保険控除もあります。

いずれにせよ、相続をした場合（特に不動産）には、税理士などの専門家に相談をしてみることです。すでに納税が終わっていても、５年以内であれば納め過ぎの税金は還《かん》付《ぷ》されます。

◆その他にもこんな相談先が……

ここに挙げた以外にも、相続に関して相談できる専門家に、ファイナンシャルプランナーがあります。資産の運用から遺産の配分の仕方までアドバイスをしてもらえます。

NPO法人「遺言・相続リーガルネットワーク」（☎03・3272・7271）は、遺言書の保管のほか、相続に強い弁護士を紹介してもらえます。

〔巻末資料2〕遺言事項（遺言で法律上効力があるもの）

法律上、遺言できるの下表の事項に限られています。その他のことを書いても効力はありませんが、遺言書全体が無効となることはありません。

	遺言事項	内　　容	文　例
◆相続財産の処分に関す事項	①遺　　贈 （民法964条）	遺言によって特定の人に財産を譲ることができる。遺贈には、全部包括遺贈（相続財産の全部）と割合的包括遺贈（割合をもって遺贈）、特定遺贈の方法がある。 相続人以外の第三者（内縁の妻や世話になった人など）、相続人に対しても遺贈できる。ただし、相続人に対する遺贈は、遺言の文例では通常「相続させる。」と表記する。 寄付金も遺贈で行う。	103・163・165・167・171・173㌻など参照
	②遺産分割方法の指定 （民法908条）	遺産分割（相続人が遺産を分けること）について、個々の相続人にどのように分けるかは遺言で指定をすることができる。また、遺産分割の方法を第三者に委託することもできる。 遺産の住宅を誰々へ、預貯金を誰々へ相続させる、といった表記となる。遺言書の添付資料として財産目録を作成することもある。特定の財産の指定では、法定相続分の範囲内で相続させるのか、法定相続分とは別に相続させるのかの指定も重要。 上記は、現物分割（財産〈現物〉そのものを分割する方法）の指定であるが、換価分割（遺産を売却して換金し、金銭で分ける方法）の指定、代償分割（遺産の現物〈自宅など〉の遺産を特定の相続人に相続させる代わりに、他の共同相続人に金銭を支払わせる方法）の指定もできる。	111・131・133・139・149㌻など参照
	③遺産分割の禁止 （民法908条）	遺言者の死後５年以内なら、遺言で遺産分割を禁止することができる。この場合、遺産分割の禁止期間は共同相続人の共有となる。 例えば、推定相続人が幼少である場合。	―

◆相続財産の処分に関する事項	④相続分の指定（民法902条）	遺言で法定相続分とは異なる相続分を指定することができる。また、相続分を定めることを第三者に委託することも可能。 遺言をするに当たっては、法定相続分がどうなっているかを知る必要がある。	107・109・113㌻参照
	⑤推定相続人の廃除・廃除の取消し（民法892条）	遺言により、推定相続人が被相続人に対して虐待、重大な侮辱、その他著しい非行をしたときには廃除を求めることができる。遺言執行者が家庭裁判所に相続人の廃除の申立てをする。	解説⇒40㌻参照
	⑥祭祀主宰者の指定（民法897条）	遺言で祭祀主宰者の指定ができる。墓や仏壇などの祭祀財産は祭祀主宰者が承継する。	107・175㌻参照
	⑦特別受益者の持戻しの免除（民法903条3）	遺言により特別受益分の持戻しを免除する旨の意思表示ができる。 特別受益分の持戻しとは、遺贈や生前贈与は特別受益となり遺産に加算して遺産分割をすることになるが、免除の遺言があれば、遺産に加算しなくてよい。	—
	⑧担保責任の定め（民法911条～913条）	共同相続人は他の相続人に対して、売主と同様に担保責任を負うが、遺言で別段の意思表示をすることにより、相続人の担保責任を変更することができる。	—
	⑨受遺者又は受贈者の負担額（民法1047条1項）	受遺遺者又は受贈者が複数あるときは、各自の遺留分侵害に応じてその額を負担するが、遺言で別段の意思を表示することができる。	—
	⑩遺言執行者の指定（民法1006条）	遺言者は１人または数人の遺言執行者を遺言で指定することができる。 推定相続人の廃除では遺言執行者の指定は必参照須で、遺言執行者が家庭裁判所に申し立てて廃除の手続を行う。	101・107・119㌻など参照

◆相続財産の処分に関する事項	⑪一般財団法人設立のための財産の拠出（一般財団法158条2項）	遺言によって、遺産を一般財団法人を設立するために拠出できる。 ※左記法令の正式名称は「一般社団法人及び一般財団法人に関する法律」	―
	⑫信託の設定（信託法3条2号）	遺言によって、信託（特定の者に対する財産の譲渡などを設定することができる。	―
	⑬保険金受取人の変更（保険法44条）	新しく制定された保険法により、遺言によって生命保険金の受取人の変更ができることが明記された。保険法施行前（平成22年3月31日）の生命保険金契約は保険会社で確認のこと。	―
	⑭遺言の撤回（民法1022条）	遺言者はいつでも遺言の方式に従って、遺言の全部または一部を撤回することができる。	137・139㌻参照
◆身分に関する事項	①認　知（民法781条2項）	遺言によって、婚外子の認知をすることができる。認知された子は相続人となる。手続きは遺言執行者が行う。	129・179㌻参照
	②未成年後見人・未成年後見監督人の指定（民法839条1項・848条）	未成年者に対して最後に親権を行った者は、未成年後見人、未成年後見監督人の指定ができる。	181㌻参照

※以上の他にも、法的効力はないが、遺言書に付言事項として、葬儀の方法や家族などへのメッセージを書くことも自由である。

〔巻末資料3〕相続法・家事事件手続法の改正の概要（参考資料:法務省）

相続関連法の改正は、「民法及び家事事件手続法の一部を改正する法律」により行われ、平成31年１月13日から段階的に施行されました。改正の理由は、わが国における平均寿命の延び、社会の高齢化が進展するなどの社会経済の変化に伴う環境に適応するためというもので、約40年振りに大幅な改正となっています。

◎「民法第５編相続」の改正の概要

１「配偶者の居住権を保護」するための改正の要点

配偶者の居住権保護のための方策は、大別すると、配偶者がある程度長期間その居住建物を使用することができるようにするための方策（後記１）と、遺産分割が終了するまでの間といった比較的短期間に限りこれを保護する方策（後記２））とに分かれています。

１）　配偶者居住権…1028条～1036条（新設）

配偶者が相続開始時に居住していた被相続人の所有建物を対象として、終身又は一定期間、配偶者にその使用又は収益を認めることを内容とする法定の権利を新設。遺産分割における選択肢の一つとして、配偶者に配偶者居住権を取得させることができることとするほか、被相続人の遺言による遺贈等によって配偶者に配偶者居住権を取得させることができる。

２）　配偶者短期居住権…1037条～1041条（新設）

ア　居住建物について配偶者を含む共同相続人間で遺産の分割をすべき場合配偶者は、相続開始の時に被相続人所有の建物に無償で居住していた場合には、遺産分割によりその建物の帰属が確定するまでの間又は相続開始の時から６か月を経過する日のいずれか遅い日までの間、引き続き無償でその建物を使用することができる。

イ　遺贈などにより配偶者以外の第三者が居住建物の所有権を取得した場合や、配偶者が相続放棄をした場合などでア以外の場合配偶者は、相続開始の時に被相続人所有の建物に無償で居住していた場合には、居住建物の所有権を取得した者は、いつでも配偶者に対し配偶者短期居住権の消滅の申入れをすることができるが、配偶者はその申入れを受けた日から６か月を経過するまでの間、引き続き無償でその建物を使用することができる。

２「遺産分割」に関する改正の要点

１）　配偶者保護のための方策（持戻し免除の意思表示の推定規定）の要点…903条４項（新設）

婚姻期間が20年以上である夫婦の一方配偶者が、他方配偶者に対し、その居住用建物又はその敷地（居住用不動産）を遺贈又は贈与した場合については、民法第903条第３項の持戻しの免除の意思表示があったものと推定し、遺産分割においては、原則として当該居住用不動産の持戻し計算を不要（当該居住用不動産の価額を特別受益として扱わずに計算する）とすることができる。

2） 遺産分割前の払戻し制度の創設等の要点

遺産分割前の払戻し制度の創設等については、大別すると、家庭裁判所の判断を経ないで預貯金の払戻しを認める方策と、家事事件手続法の保全処分の要件を緩和する方策（下記）とに分かれます。

ア 家庭裁判所の判断を経ないで、預貯金の払戻しを認める方策…909条の２（新設）

各共同相続人は、遺産に属する預貯金債権のうち、各口座ごとに以下の計算式で求められる額（ただし、同一の金融機関に対する権利行使は、法務省令で定める額（150万円）を限度とする。）までについては、他の共同相続人の同意がなくても単独で払戻しをすることができる。

【計算式】

単独で払戻しをすることができる額＝（相続開始時の預貯金債権の額）×（３分の１）×（当該払戻しを求める共同相続人の法定相続分）

3） 遺産の分割前に遺産に属する財産が処分された場合の遺産の範囲の要点…906条の2（新設）

ア 遺産の分割前に遺産に属する財産が処分された場合であっても、共同相続人全員の同意により、当該処分された財産を遺産分割の対象に含めることができる。

イ 共同相続人の一人又は数人が遺産の分割前に遺産に属する財産の処分をした場合には、当該処分をした共同相続人については、アの同意を得ることを要しない。

3「遺言制度」に関する改正の要点

1） 自筆証書遺言の方式緩和…968条2項（新設）

全文の自書を要求していた改正前の自筆証書遺言の方式を緩和し、自筆証書遺言に添付する財産目録については自書でなくてもよいものとした。ただし、財産目録の各ページに署名押印することを要する。

2） 遺言執行者の権限の明確化等

ア 遺言執行者の一般的な権限として、遺言執行者がその権限内において遺言執行者であることを示してした行為は相続人に対し直接にその効力を生ずることが明文化された。(改正法1015条)

イ 特定遺贈又は特定財産承継遺言（いわゆる相続させる旨の遺言のうち、遺産分割方法の指定として特定の財産の承継が定められたもの）がなされた場合における遺言執行者の権限等を明確化した。(1014条２項:新設)

4「遺留分制度」に関する改正の要点

1） 遺留分減殺請求権の行使によって当然に物権的効果が生ずるとされている現行法の規律を見直し、遺留分に関する権利の行使によって遺留分侵害額に相当する金銭債権が生ずることになった。（1047条新設）

2） 遺留分権利者から金銭請求を受けた受遺者又は受贈者が、金銭を直ちには準備できない場合には、受遺者等は、裁判所に対し、金銭債務の全部又は一部の支払につき期限の許与を求めることができる。（1047条５項新設）

5「相続の効力等」に関する改正の要点

特定財産承継遺言等により承継された財産については、登記等の対抗要件なくして第三者に対抗することができるとされていた規律が見直され、法定相続分を超える部分の承継については、登記等の対抗要件を備えなければ第三者に対抗することができないことになった。（899条の２新設）

6「相続人以外の者の貢献を考慮する」ための方策についての改正の要点

相続人以外の被相続人の親族（民法725条）が無償で被相続人の療養看護等（特別の寄与）を行った場合には、一定の要件の下で、相続人に対して金銭請求をすることができるようになった。（1050条新設）

療養観護に特別の寄与のある親族とは、六親等内の血族、配偶者、三親等内の姻族である。

◎家事事件手続法の改正の概要

相続法の改正に伴い、家事事件手続法も、以下の改正が行われました。

1 特別の寄与に関する審判事件の管轄…家事事件手続法208条の12

特別の寄与に関する審判事件の管轄は、相続が開始した地を管轄する家庭裁判所が行う。（家事事件手続法208条の12）

また、家事事件手続法の別表２（審判の申立でも調停の申立でもよい事件）の⑮として、「特別の寄与に関する処分」が新たに加えられた。

2 保全処分の要件を緩和する方策…家事事件手続法第200条第２項

預貯金債権の仮分割の仮処分については、家事事件手続法第200条第２項の要件（事件の関係人の急迫の危険の防止の必要があること）を緩和することとし、家庭裁判所は、遺産の分割の審判又は調停の申立てがあった場合において、相続財産に属する債務の弁済、相続人の生活費の支弁その他の事情により遺産に属する預貯金債権を行使する必要があると認めるときは、他の共同相続人の利益を害しない限り、申立てにより、遺産に属する特定の預貯金債権の全部又は一部を仮に取得させることができることになった。

〔巻末資料4〕法務局の自筆証書遺言書の保管制度（参考資料：法務局）

「法務局における遺言書の保管に関する法律」が制定され、自筆証書遺言を安心・安全に保管する制度が新設されました。保管制度のスタートは令和２年７月10日です。

◎自筆証書遺言の保管制度の創設

遺言には、自筆証書遺言や公正証書遺言などがありますが、自筆証書遺言書については保管が難しいと言われてきました。自宅での保管が多いのですが、問題点として、以下のことがあります。

①遺言書が紛失・防湿するおそれがある
②相続人による遺言書の破棄、隠匿、改竄が行われるおそれがある
③上記の問題により相続をめぐる紛争が生じる

こうしたデメリットに対応するために、公的機関（法務局）で遺言書を保管するというのが、「法務局における遺言書の保管に関する法律」が制定された理由です。

法務局に遺言書を保管してもらうメリットとしては、
①隠匿・破棄や改竄などのおそれがなく安心・安全
②家庭裁判所の検認手続きが不要
③遺言者の死後、遺言書の存在の把握が容易
であることです。ただし、有料で、手続きに手間はかかります。

◎法務局における自筆証書遺言書の保管制度の概要

まず、自筆証書遺言を作成します。これは、民法に定める自筆証書遺言の方式（民法968条）に加えて、用紙はＡ４サイズのもので、文字の判読を妨げるような地紋、彩色などのないものを使う必要があります。

つぎに遺言書の保管の申請書（法務省ＨＰからダウンロード、あるいは法務局の備え付けのもの）を入手して所定の事項を記入します。申請は、この申請書と自筆証書遺言書・添付書類を用意し、遺言者本人が法務局（遺言保管場所）に行って、手続きを行う必要があります。遺言書の保管の手数料は3900円です。

申請により遺言書は法務局（遺言書保管場所）において原本保管・画像データ化により保管がなされます。遺言書の撤回をしたいときは、保管の申請の撤回をすることにより、遺言書を返してもらえます。

▶保管場所等の詳細⇒、法務局のホームページ

◆法務局における遺言書の保管に関する法律

第１条…趣旨
第２条…遺言書保管所
第３条…遺言書保管場所
第４条…遺言書の保管の申請
第５条…遺言書保管間による本人確認
第６条…遺言書の保管等
第７条…遺言書に係る情報の管理
第８条…遺言書の保管の申請書の撤回
第９条…遺言書情報証明書の公布等
第10条…遺言書事実証明書の公布
第11条…遺言書の検認の適用除外
第12条…手数料
第13条…行政手続法の適用除外
第14条…行政機関の保有する情報の公開に関する法律の適用除外
第15条…行政機関の保有する個人情報の保護に関する法律の適用除外
第16条…審査請求

遺言者が遺言書を預ける（遺言書の保管の申請）

（資料：法務省ホームページより）

保管の申請の流れ

1 自筆証書遺言に係る遺言書を作成する

注意事項をよく確認しながら，遺言書を作成してください。

2 保管の申請をする遺言書保管所を決める

保管の申請ができる遺言書保管所

遺言者の住所地
遺言者の本籍地
遺言者が所有する不動産の所在地
のいずれかを管轄する遺言書保管所

ただし，既に他の遺言書を遺言書保管所に預けている場合には，その遺言書保管所になります。

3 申請書を作成する

申請書に必要事項を記入してください。

申請書の様式は，法務省 HP（http://www.moj.go.jp/MINJI/minji03_00051.html）からダウンロードできます。また，法務局（遺言書保管所）窓口にも備え付けられています。

4 保管の申請の予約をする

5 保管の申請をする

次の㋐から㋔までのものを持参して，予約した日時に遺言者本人が，遺言書保管所にお越しください。

□ **㋐遺言書**
ホッチキス止めはしないでください。封筒は不要です。

□ **㋑申請書**
あらかじめ記入して持参してください。

□ **㋒添付書類**
本籍の記載のある住民票の写し等（作成後 3 か月以内）
※遺言書が外国語により記載されているときは，日本語による翻訳文

□ **㋓本人確認書類（有効期限内のものをいずれか 1 点）**
マイナンバーカード　運転免許証　運転経歴証明書　旅券　乗員手帳
在留カード　特別永住者証明書

□ **㋔手数料**
遺言書の保管の申請の手数料は，1 通につき **3,900円**です（必要な収入印紙を手数料納付用紙に貼ってください。）。
※一度保管した遺言書は，保管の申請の撤回をしない限り返却されません。

6 保管証を受け取る

交付される保管証のイメージ画像 →

手続終了後，遺言者の氏名，出生の年月日，遺言書保管所の名称及び保管番号が記載された保管証をお渡しします。

遺言書の閲覧，保管の申請の撤回，変更の届出をするときや，相続人等が遺言書情報証明書の交付の請求等をするときに，保管番号があると便利ですので，大切に保管してください。

遺言書を法務局（遺言書保管所）に預けていることをご家族にお伝えになる場合には，保管証を利用されると便利です。

遺言書の様式の注意事項　（資料：法務省ホームページより）

以下は，本制度で預かる遺言書の形式面での注意事項です。遺言書保管所においては，遺言の内容についての審査はしません。

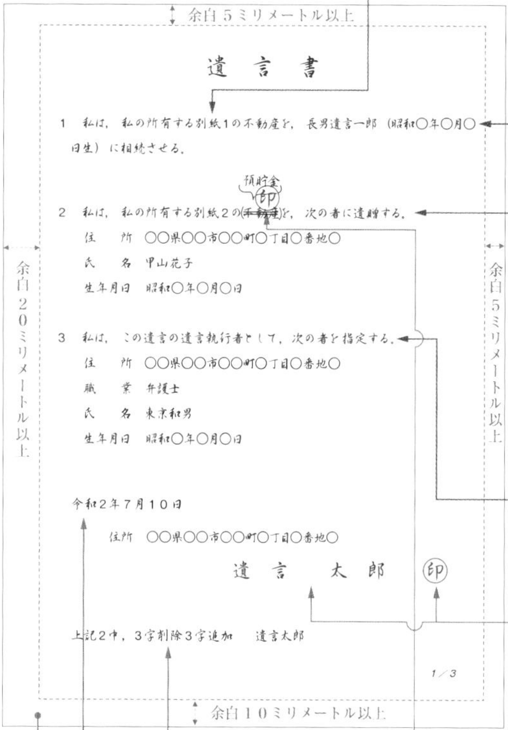
余白５ミリメートル以上

遺　言　書

１　私は，私の所有する別紙１の不動産を，長男遺言一郎（昭和○年○月○日生）に相続させる。

２　私は，私の所有する別紙２の~~不動産~~預貯金 印を，次の者に遺贈する。
住　　所　○○県○○市○○町○丁目○番地○
氏　　名　甲山花子
生年月日　昭和○年○月○日

３　私は，この遺言の遺言執行者として，次の者を指定する。
住　　所　○○県○○市○○町○丁目○番地○
職　　業　弁護士
氏　　名　東京和男
生年月日　昭和○年○月○日

令和２年７月１０日
住所　○○県○○市○○町○丁目○番地○
遺　言　　太　郎　印

上記２中，３字削除３字追加　遺言太郎

1／3

余白２０ミリメートル以上
余白５ミリメートル以上
余白１０ミリメートル以上

財産の特定のためには，遺言書に財産目録を添付いただいた方が確実です。

推定相続人（相続が開始した場合に相続人となるべき者）には「相続させる」又は「遺贈する」と記載します。

※推定相続人に対して，財産を「相続させる」旨の遺言をする場合は，遺言書の保管申請書の【受遺者等・遺言執行者等欄】に記載する必要はありません。

※推定相続人に対して，財産を「遺贈する」場合は，遺言書の保管申請書の【受遺者等・遺言執行者等欄】に受遺者として，その氏名等を記載してください。

推定相続人以外の者には「相続させる」ではなく「遺贈する」と記載します。

※推定相続人以外の者に対して，財産を「遺贈する」場合は，遺言書の保管申請書の【受遺者等・遺言執行者等欄】に受遺者として，その氏名等を記載してください。

※遺言執行者については，遺言書の保管申請書の【受遺者等・遺言執行者等欄】にその氏名等を記載してください。

署名＋押印が必要です。
押印は認印でも差し支えありませんが，スタンプ印は避けてください。

内容を変更する場合には，その場所が分かるようにして，変更した旨を付記して署名し，変更した場所に押印をする必要があります。
変更が煩雑になる場合や心配な場合には，書き直すことをお勧めします。

遺言書を作成した年月日を記載してください。「○年○月吉日」などの記載では保管することはできません。

用紙は，Ａ４サイズで，文字の判読を妨げるような地紋，彩色等のないものを使ってください。
財産目録以外は全て自書する必要があります。
長期間保存しますので，ボールペン等の容易に消えない筆記具を使ってください。
ページ数の記載や変更の記載を含めて，余白部分には何も記載しないでください。
裏面には何も記載しないでください。

（自書によらない財産目録の例）

〔監修者紹介〕

國部　　徹（くにべ　とおる）

昭和35年12月９日生。東京大学法学部卒。弁護士(東京弁護士会所属)。一般民事・家事事件をはじめ、労働事件や倒産事件、刑事事件など日常の出来事全般を取り扱う。

〔著者紹介〕

内海　　徹（うつみ・とおる）

昭和16年、宮崎県に生まれる。早稲田大学法学部卒業。法律ジャーナリスト。著書に『債権回収のことならこの１冊（共著）』『生活実用法律事典（共著）』『まるごとわかる遺言と生前贈与（共著）』（以上、自由国民社）などがある。

真田　親義（さなだ・ちかよし）

昭和24年、熊本県生まれ。熊本大学法学部卒業。㈲生活と法律研究所所長。著書に『法律問題で困ったらこの１冊』『まるごとわかる遺言と生前贈与（共著）』『著作権のことならこの１冊（共著）』（以上、自由国民社）などがある。故人。

斉藤　志郎（さいとう・しろう）

昭和49年長野県生まれ。

平成21年行政書士登録。法律事務所等の勤務を経て行政書士として開業。

東京都行政書士会　市民法務部部員

東京都行政書士会　板橋支部役員

公益社団法人成年後見支援センターヒルフェ副理事長

許認可の他、遺言・相続・成年後見等の市民法務に力を入れ活動している。

思いをかなえる遺言の書き方と文例集

2012年７月27日　初版第１刷発行

2020年７月23日　第３版第１刷発行

2023年11月20日　第３版第２刷発行

監修者　國部　徹

著　者　内海　徹

　　　　真田　親義

　　　　斉藤　志郎

発行者　石井　悟

DTP制作　㈲中央制作社

印刷所　新灯印刷株式会社

製本所　新風製本株式会社

発行所　㈱自由国民社

〒171-0033　東京都豊島区高田３-10-11

TEL〔販売〕03(6233)0781〔編集〕03(6233)0786

https://www.jiyu.co.jp